聖書の読み方

加藤常昭

日本基督教団出版局

目次

装丁　麻里光一

はじめに

この本は聖書の歴史や思想についての知識を与えるためのものではありません。そういう意味での聖書入門ふうの書物にはすぐれたものがいくつもあります。できればこの本と別にぜひ読んでほしいと思います。また聖書の本文に従って忠実にその語句の意味を説明したり、その文意を明らかにする注解や講解をしようというのでもありません。その点でもそれは他のすぐれた書物に助けていただいて、ここでは、われわれ自身が聖書を読むのに、どのようにしたらよいかということを考えてみようというのです。

キリスト教は、聖書の宗教であると申します。そのことのくわしい意味は別として、皆さんが教会へ行かれるとすぐそのことに気づかれるでしょう。日曜日の礼拝というのも、聖書が読まれ、その聖書について牧師が語る説教が中心になっています。いかなることを考えたり論じたりする時にも、何よりも先に聖書はそのことについてどのように言うかということをまなびます。またわれわれひとりびとりが、自分で聖書に親しみ、聖書を読んでいくことがすすめられます。聖書を日課として読む工夫や努力もいたします。

いずれにせよたいせつなひとつのことは、自己がどれだけ深い聖書とのつながりを持つことができるかということです。毎日どれほどたくさん聖書を読んでも、どれほど正確な知識を得たとしても、すこしも喜びをもって生きることができなければ無意味です。そうした喜びと力を知るような聖書の読み方は、どのようなものなのでしょうか。自分がそうした読み方を身につけるにはどうしたらよいのでしょうか。この本の目的はその点にあります。皆さんが自分なりに聖書の読み方を求めていかれるその手助けになることができたらという願いから生まれたものです。

さて、そうは言うものの、聖書を読むにはこんなよい方法があるとか、これこれの規則に従って読めばよいというわけにはいきません。そこでわたくしは、まず聖書を読むために心得ておいたらよいと思う原則的なことを書きます。そしてそのあとは、実際に聖書のいくつかの箇所をえらんで、読者といっしょになって考えながら読んでみるというふうなつもりで書きました。まだ短期間ですがわたくしもそれなりに伝道の仕事をしてきました。教会のさまざまな形における集会、学校その他での集会、どこでも聖書の話だけしてきました。そのうえできるだけ機会をとらえて、みんなで聖書を読んでみるためのこころみをしました。自分で読んできて話をしてもらったり、討論をくりかえしてみたり、あらかじめ読んだ結果を書いたものを提出してそれを材料にしたり、神が与えてくださった無尽蔵の宝庫である聖書を知る喜びをわけあうために、ずいぶんくふうもしました。これはそうした生活のもたらしたひとつの果実です。それだけにまだ不完全なものです。取りあげるべきことがらのすべてをつくしているわけでもありません。読んでくだされればわかりますが、言おうとすることも簡単なことです。それをただひたすらに語ってみようとするわけです。聖書を読むということは、結局は、けっして単なる技術の問題や知識の問題でないことに気づかれると思います。

神が与えてくださる聖書を読むということの限りない喜びを、すこしでも共にわけあうことができたらとのみ願います。

これから書きますことは、はじめから順を追ってくださるのが当然ですが、そうでなくてもかまいません。興味のあるところから読んでくださってもよいのです。

第一章　聖書の読み方

1

わたくしは小学校時代から中学校時代、水泳の選手をしたことがありました。もっぱら平泳ぎでしたが自由形のリレーにもよく出ました。わたくしは、からだが大きい方でしたが、陸上の競技は何ひとつじょうずではありませんでした。水泳もはじめはいつもビリで、先生に大きいくせにと何度もしかられたものです。内心くやしくてたまらず、何とかしてと思いつつ毎日がむしゃらに泳ぎました。そのうち急に速く泳げるようになりだしたのです。不思議なほどに水にのってからだが進みだし、校内で負ける者はひとりもいなくなりました。泳ぐこつをおぼえたのです。こんなことは水泳ばかりでなく、またわたくしばかりでなく、皆さんがいろいろなことで経験しておられることでしょう。それと同じようにわたくしは聖書を読むこつもあるように思います。それを身につけるということが、たいへんたいせつなことではないかと思うのです。

聖書を読むこつということでたいせつなことはどんなことでしょうか。

第一に、聖書の正しい読み方が身についていなければならないということでしょう。速く泳げるようになるこつは、正しい泳ぎ方でなければならないのは当然です。聖書にはそれにふさわしい読み方があるはずです。ある人が映画をつくりました。デザイナーが見に行って登場人物のデザインに感心したり、腹を立てたりしました。音楽ずきの人は主題歌をいっしょうけんめいおぼえてきました。絵かきは色彩感覚のやぼなことでがっかりして、この映画はくだらないと言いました。外国の会話がじょうずになりたい学生は目をつぶって発音をできるだけ正確に聞きとろうとしました。みんなそれなりに理由のあることでしょう。しかしそれだけで終わるのなら、だれもその映画を見たことになりません。はじめから見当ちがいだったのです。

聖書の読み方はいろいろあるでしょうが、はじめから見当がちがっていたらどうにもなりません。しかもそうした見当ちがいの読み方が案外多いものです。そのような読み方をしながら聖書をわかったと思いこんだり、わからないといらだってみてもしかたがありません。もっともはじめから見当がつくはずのものではないかもしれません。自分なりの関心や願いによってさまざまな心で読みはじめ、やがて聖書そのものによって、それが見当ちがいであることをすこしずつ教えられていくようなものなのでしょう。いずれにせよ、聖書を読むには、聖書にふさわしい正しいすじみちがあるはずです。聖書が語ろうとする真理が持っているすじみちに応じた読み方があるはずです。

第二に、聖書を読むこつは実際に聖書を読んでみなければわからないということです。泳ぐこつを身につけるには、どんなにていねいにどんなにすばらしい水泳の理論を教えてもらっても、それだけではだめです。泳いでみなければなりません。自分の肉体といえども理論のとおりに自由に動かすことは容易ではありません。水の中でくふうをし、わからないままにもからだを動かしてみます。そのうちに自分で気づかない間にじょうずになっていくのです。ロシアの作家ドストエフスキーは、聖書の真理を深く知っていた文学者でしょう。彼が聖書を知ったのは、若い時、政治犯としてシベリア流刑の何年間かをすごしたとき、手もとに持っていたのが、ある婦人がくれた聖書一巻だけであったからだと申します。われわれも聖書一巻しか持ちあわせがなかったら、もうすこし聖書を読む喜びを知っていたかもしれません。いずれにせよわれわれは、聖書よりも聖書に関する書物を読んですませてしまっていることが多すぎます。自分ひとりで読み読みもしないでどうやって聖書を読むかという議論をしていても無意味です。自分ひとりで読んでみる。仲間といっしょに読んでみる。教会で説教や聖書研究の話を聞くにしても、自分で聖書を読むことを知っているかいないかで、ずいぶん聞き方がちがうものです。必ずしもきちんとした日課で聖書全部を読んでみようなどと考える必要もありません。好むところを好むままに読む。心にのこる聖句をよく考えてみる。そういうことから始めてもいいでしょう。とにかく読むことです。そうすればそこで聖書を読むこつが身についてくるものです。

第三に、聖書を読む仲間に入ることです。水泳にしても何にしても、ひとりでなりたつものはありません。個人の技をきそう競技にしても、その技をみがく団体の生活が必ずともなってきます。同じ道を先に立って歩いた先輩たちの助言や訓練を受け、同じ労苦をする同輩たちといましめあい、助けあう生活は、聖書を読む生活といえども同じことです。教会はそのような生活を与えてくれます。教会は聖書を読むことをその生命として生きつづける団体です。聖書を読む正しいすじみちをたえずさぐり、それを守りつづけてきた人々の集まりです。そのような教会の教えと生活とにふれ、それとひとつになるような生活をするとき、われわれは聖書そのものの力にふれることができます。聖書の読み方が身についてくるということは、教会で生活するということが身についてくるということとほとんど同じようなことだと言ってよいと思います。

2

さて以上のことをまえおきにしてきわめて原則的なことだけを書いてみましょう。

第一、先ほど聖書を読みはじめる時は、好むところを好むままに読めばよいと言いました。しかし実をいうとはじめのうちはそれでいいかもしれないが、すぐに困ったことになります。自分が気にいった一言一句だけを拾い出してきて、なかなか聖書はよいことを言っているなどと喜ぶことがどんなにつまらないことかはすぐおわかりでしょう。しかもそういうことがよくあります。たとえば、あとで新約聖書のマタイによる福音書五章のはじめの方を読むつもりですが、そこは山上の垂訓とよばれる有名なところです。ここでは垂訓という古風な、誤解しやすいことばを捨てて、山上の説教ということにしましょう。この山上の説教は有名ですし、多くの人に愛されましたが、それだけ誤解されることも多いところです。その原因のひとつは、山上の説教だけとか、その中のひとつの教えだけをぬき出して感心したりしていることにあります。逆に同じように、イエスはこんなむずかしい道徳ばかり教えられるのかと閉口してしまう人もあります。

そこでまずたいせつなことは、聖書のいかなる箇所を読もうとも、それを聖書全体との結びつきで読むように気をつけるということです。それには旧約・新約いずれもできるだけ広く読むことがすぐに必要になるでしょう。そして今読んでいる聖書のことばとよく似た表現や、関係のありそうなところをあわせて調べなければならないでしょう。しかしそれだけのことをすれば聖書全体との結びつきで読むということが果たされたわけではありません。

　むしろここでよくわきまえておくことは、聖書は信仰の歴史の書物だということです。聖書の語る内容も歴史であるし、聖書そのものが同じ歴史の中から生まれてきました。旧約聖書の中には、早くから神の民として選ばれたユダヤの人たちの信仰の歴史が語られています。旧約聖書を構成する三九冊の書物は、その歴史のさまざまな時代に生きた人々が語り・書き・読みつづけてきました。新約聖書は、主イエス・キリストの物語と、主イエスから始まる新しい神の民であるキリストの教会の歴史を語ります。新約聖書それ自身がその教会の生活から生み出されてきました。このような点では、聖書の内容や聖書の成立について、歴史的に、手みじかに教えてくれる書物を読んだり、話を聞いたりすることがぜひ必要でしょう。

　しかし、実をいうと聖書を信仰の歴史の書物として理解するということは、やはりここでも単なる歴史的知識を得るということではなさそうです。聖書の歴史というのは、本来どのようなものでしょうか。信仰の歴史だとも言えるでしょう。このような時代に、このような人々が、このような信仰を持って生きていたということでしょう。しかしそれでもまだ聖書の歴史とはいえません。聖書が一貫して見つめており、語ろうとしていることは、そのような人間の信仰の歴史はほんとうはまことに頼りないもので、むしろ不信仰の歴史といった方がよいくらいだということです。そして聖書は、その不信仰の歴史の中で、変わらない恵みをもって支配してくださるかたがある、そう言うのです。たとえば旧約聖書の出エジプト記を読んでみます。エジプトの国での苦しい生活から助け出されたユダヤの人たちの物語です。ユダヤの民の信仰がととのえられ、新しい出発をした話です。しかしそこに書かれている人々の姿は、すぐに神に文句を言い、つまらない失敗をくりかえすばかりです。ただ神のみは怒りつつ、さばきつつ、なおその心を変えず、とうとうカナンの地まで導いてくださいます。ホセア書一一章にはこう書かれています。

わたしはイスラエルの幼い時、
これを愛した。
わたしはわが子をエジプトから呼び出した。
わたしが呼ばわるにしたがって、

彼らはいよいよわたしから遠ざかり、
もろもろのバアルに犠牲をささげ、
刻んだ像に香をたいた。
わたしはエフライムに歩むことを教え、
彼らをわたしの腕にいだいた。
しかし彼らはわたしにいやされた事を
知らなかった。
わたしはあわれみの綱、
すなわち愛のひもで彼らを導いた。
わたしは彼らに対しては、
あごから、くびきをはずす者のようになり、
かがんで彼らに食物を与えた。（一―四節）

この神の姿が聖書の歴史の内容です。これを読みとることが聖書を読むということです。ところで以上のことだけではほんとうはまだ不十分です。皆さんにもまだどこかボンヤリし

た感じがするでしょう。焦点の定まらない感じがのこると思います。その時われわれに聖書の焦点をはっきり見定めるように導いてくれるのが次のことばであると思います。

「あなたがたは、聖書の中に永遠の生命があると思って調べているが、この聖書は、わたしについてあかしをするものである」（ヨハネ五・三九）

いうまでもなくイエスが言われたことばです。この時「聖書」とよんでおられるのは、ほぼ今の旧約聖書のことです。その中にはイエス・キリストについてはほとんど何も語られていないといってよいでしょう。しかもそれがイエスのことを話っているのだと言われるのです。イエスがどういうかたであるかという証言をしているというのです。どうしてそう言えるのだろうか。そう思って聖書を読みはじめます。その時われわれはもっとはっきりと信仰の歴史というものの意味がわかってくるのです。新約聖書も同じです。聖書のどこを読んでもそこにキリストを見つけだしていくことです。読みとっていくのです。読みぬくのです。どのようなところを読んでいても、そこにキリストの姿をうちぬくように読むのです。大理石に彫刻をします時に、その大理石の石材の中にすでに秘められている像を刻み出すのが彫刻家の仕事であると言った人があるとか。聖書の中にキリストの姿を読みとっていくということはそういうことだといってよいと思います。無理にこじつけたりして、その聖書のことばが言おうとしていないことを読みこむ必要はありません。正しい読み方さえすれば聖書は必ずキリストの恵みを与えてくれます。実にさまざまな豊かな姿でこの恵みを語ってくれるのです。そうでなければ、どこに聖書を読む喜びがあるでしょうか。ある箇所を読んでみる。そしてどんなに確信に満ちたり、新しい決意をしたり、希望を持ったりしても、それがキリストと結びついていないと思ったなら、キリストの恵みをたたえる心にはならないと知ったなら、聖書を理解しそこなったと知るべきです。逆にどんなに心をこめて読んでみても、重苦しい絶望感や息苦しい束縛だけしか感じなかったら、読み方がまちがっていないかと考えたらよいのです。

ある先生が、聖書研究をいっしょにしたら、それが自然にいっしょに祈るようになるように導かれるのが当然だ、と言われたそうです。それは当然のことでしょう。聖書研究はいつでも威儀を正して、厳粛にやらなければいけないということではないでしょう。聖書についで自由に思うがままに論じてみる。型にはまらずにやってみる。その方がよいかもしれません。聖書を読んだあとはかならず祈祷会や礼拝に終わらなければならないということもないでしょう。しかし本来、聖書は祈りの心なくしては読めないものなのです。少なくとも聖書を読みはじめて、正しく読むことができて「めぐみとまこととに満ち」たイエスの姿（ヨハネ一・一四）を見いだした時には、「ひざをかがめ……〈イエス・キリストは主である〉と告白」せざるを得なくなるのです（ピリピ二・一〇―一一）。その時われわれはほんとうに聖書を読むことができたのだといえるでしょう。

第二、今まで考えてきたことの中にすでに含まれていたことですが、やはりこの際よく知っておかなければと思うことを、取りあげてみたいと思います。たとえば、さきほどのヨハネによる福音書五章のキリストのことばですが、そこでキリストは「あなたがたは、聖書の中に永遠の命があると思って調べているが……」と言われます。しかしそれは聖書の中に命を求めることを否定しておられるのではないと思われます。永遠の命というのも、だれのいのちでもありません。われわれ自身のいのちです。そのいのちを求めてもむだだ、あなたがたのいのちとは無関係にわたしのことを語るのが聖書のことばだ、というようなことを、キリストが言っておられるのでないことは明らかです。特に四〇節にはこう書いてあります。

「しかも、あなたがたは、命を得るためにわたしのもとにこようともしない」

このことばの意味はこうでしょう。あなたがたの求めてやまないあなたがた自身のいのちは、わたしのもとにあるのだ。ほかのどこに行っても求められるものではない。わたしのもとにあるのだ。わたしのもとに来なさい。

つまりわれわれが、われわれ自身のいのちを求めていくことこそたいせつなのです。聖書のあかしするイエスのもとにわたくしのいのちがある。だから一生懸命に聖書を読むのです。聖書の中にイエスの姿をさがすのです。ある神学者がキリストはわれわれと無関係に存在されるのではない、われわれとは別のだれかのために存在されるのでもない、ほかならないわれわれのために生きておられるのだという意味のことを言いました。キリストはわれわれのために生きておられる。それならばそのキリストを語る聖書は、われわれのために書かれたといってもよいでしょう。

3

ここで、今述べてきたことをくみあわせながら展開してみたいと思います。

わたくしはキリスト教主義の学校の教師を数年やっていますが、いろいろ考えさせられることがあります。たとえばわたくしは聖書を教えていますが、その聖書の授業の時やその他の機会に、生徒にとって、キリスト教についてどのようなことが疑問になるかをしらべてみますと、学年が変わっても、人が変わっても、そういうこととは無関係にほぼ同じようなことを問題にしていることがわかります。たとえば、奇跡についてです。聖書の中に旧約・新約を問わず書かれている奇跡、特にキリストが海の上を歩かれたり、死人をよみがえらせたり、あんなことがほんとうにあるのだろうか。われわれのように科学的な考え方をする現代人にはどうもよくわからない。あんなことが書いてあるから聖書は信じられないのだというわけです。ところで、一方わたくしは教会でも多くの人々、信仰を求める人々（われわれは求道者と呼んでいます）に接します。いろいろな質問を受けます。ところが牧師になる前に予想していたのとちがい、ふしぎに思うくらいに奇跡についての質問が少ないのです。これはわたくし自身改めて考えさせられたことでした。

もとより奇跡について問うたり考えたりすることは無意味だとか、禁止すべきだというのではありません。むしろ現代のキリスト教にとってひとつの切実な問題だと思います。あるいはもっと広く言って、信仰と科学との関係はどのようなものかということもたいせつなことでしょう。けれどもわれわれがまず聖書に向かうときに、聖書を正しく読もうとするときに、そのようなことにこだわっているだけでいいのだろうかと思うのです。たとえば、現代は科学の時代だと言います。確かにそうでしょう。しかしそういう時代に生きる現代人であるわれわれは、はたして自分がどこまで科学的な生き方をしていると言えるでしょうか。世の中がすっかり科学的なのに、こんな非科学的なことばかり書いてある聖書では、キリスト教がやりにくいだろうというようなことは、よけいなおせっかいでしょうし、そんなことを考える人はいないでしょう。また世間の常識的な生き方はこのようなものなのだから、自分は聖書によって生きるのはぐあいがわるいというようなこともすこしおかしいでしょう。世間がどうあってもかまわない。自分はこの科学だけで生きている。ほかのものは何もいらない。そう考える時はじめて奇跡のことも真剣な問題になるだろうと思います。ソ連の人工衛星第一号が飛んだ時、「スプートニクがとぶ世の中になってキリスト教はどうなりますか」と聞かれてめんくらったことがあります。スプートニクがとんだということで自分の生活がどうなるのでしょうか。そのことで急にしあわせになれるのでしょうか。われわれのうちのだれかが愛情の問題で苦しむとします。その時月にロケットが到着したからといって、その悩みはたちまち消えさるというわけではありません。こうなると別に科学だけの問題ではなさそうです。他人のだれが、どんなことを考え、どんなことをしようと、そのことはわたくしの生き方に参考にはなるかもしれませんが、わたくし自身の生き方にどこまで関係があるといえるでしょうか。自分の生き方を、率直に、ありのままに、自分自身の責任で考え、生きていくことが求められています。その時に生まれる、ひたすらに生きようとする心をたいせつにしたいと思うのです。そういうところで聖書に問うことがたいせつなのです。

太宰治という作家のことは知っておられるでしょう。この人の死ぬすこしまえの文章に「如是我聞（にょぜがもん）」という興味のふかい文章があります。一読されるといいと思います。ここでは思い出すままに次のような文章があるのを紹介しましょう。

私には、不思議でならぬのだが、いはゆる「洋行」した学者のいはゆる「洋行の思ひ出」とでも言ったやうな文章を拝見するに、いやに、みな、うれしさうなのである。うれしい筈がないと私には確信せられる。……私は、かねがね、あの田舎の中学生女学生の団体で東京見物の旅行の姿などに、悲惨を感じてゐる者であるが、もし自分が外国へ行ったら、あの姿そのままのものになるにきまってゐると思ってゐる。

醜い顔の東洋人。けちくさい苦学生。赤毛布《あかげっと》。オラア、オツタマゲタ。きたない歯。日本には汽車がありますの？　送金延着への絶えざる不安。その憂鬱と屈辱と孤独と、それをどの「洋行者」が書いてゐたらう。……
　みじめな生活をして来たんだ。さうして、いまも、みじめな人間になってゐるのだ。隠すなよ。

すこし長く引用してみました。なかなか痛快な文章です。しかしすぐおわかりのように、これはただ外国へ行った人々にむかって書かれたものでないことは明らかです。特に引用した最後の一句「隠すなよ」ということばは、痛快というよりも痛切なひびきを持っています。もともとこの著者は得意になってこんな文章を書いているのではなさそうです。著者自身を含めてみんなみじめさを秘めた生活をしているのです。それなのに、洋行帰りが自分の海外でのみじめな苦労はおしかくして、どこの国でも自由に語り、思うままに生活してきたかのような顔をしているのと同じように、ごまかして生きているのではないか。かくさないで、自分の正直な姿を見つめようというのです。
　またこんな文章もあります。

全部、種明しをして書いてゐるつもりであるが、私がこの如是我聞といふ世間的に言って、明らかに愚挙らしい事を書いて発表してゐるのは、何も「個人」を攻撃するためではなくて、反キリスト的なものへの戦ひなのである。

彼らは、キリストと言へば、すぐに軽蔑《けいべつ》の笑ひに似た苦笑をもらし、なんだ、ヤソか、といふやうな、安堵《あんど》に似たものを感ずるらしいが、私の苦悩の殆《ほと》ん《ん》ど全部は、あのイエスといふ人の、「己れを愛するがごとく、汝の隣人を愛せ」といふ難題一つにかかってゐると言ってもいいのである。……

重ねて問ふ。世の中から、追い出されてもよし、いのちがけで事を行ふは罪なりや。

私は、自分の利益のために書いてゐるのではないのである。信ぜられないだらうな。

最後に問ふ。弱さ、苦悩は罪なりや。

わたくしはここで太宰治について論じているわけではありません。しかしここに彼の文章を引用して何を言おうとしたかはおわかりになっていただけると思います。わたくしはある時、キリスト教主義学校の女子高校生たちの全国的な集まりに出席したことがあります。その際わたくしも聖書について話さなければならなくなりましたので、自分が取りあげる聖書の個所を参加者にあらかじめ読んできてもらいました。そしてその結果の感想めいた文章を提出してもらい読んでみました。その時にわたくしがふしぎに思いましたことのひとつは、その文章を読んだだけではどの人が信仰を持っており、どの人が信仰を持っていないのかよくわからないということなのです。実際には洗礼を受けている人は参加者の三分の一だったとあとで知りました。しかし書いたものを読むと、みんな信仰を持ち、聖書のことばをそのまま受けいれているのです。まだ信仰を持っていないで求道中であるならば、それらしい悩みがあるはずです。問題があるはずです。それなのにそのことが、すこしも文面に出てこないのはなぜでしょうか。聖書を読み、その感想を書く。その時に自分のありのままの姿がなぜ出てこないのでしょうか。自分の弱さやみじめさや、あるいはよろこびが姿をみせないような聖書の読み方はないのです。ひとに何といわれようと、主イエスの愛のいましめのひとことに苦しみぬいた太宰治のような読み方を心にとめておく必要があります。自分のことをしばらく捨てておいて聖書を読んでみるということは、聖書そのものがゆるさないのです。しかもこういうことは案外多いのです。

ここから更に考察をすすめるために、今しばらく太宰治のことを考えてみます。文学論ではありません。太宰治はどのようにして聖書を読んだろうかということです。そういうことを考えるとすぐ思い出す有名な一句があります。「ヒューマン・ロスト」の中の一節です。

聖書一巻によりて、日本の文学史は、かつてなき程の鮮明さをもて、はっきりと二分されてゐる。マタイ伝二十八章、読み終へるのに、三年かかった。マルコ、ルカ、ヨハネ、ああ、ヨハネ伝の翼を得るのは、いつの日か。

もとより彼は日本文学の歴史について新しい発見をしているというのではないでしょう。自分自身が聖書によって、ぴしりと二分されているように思っているのです。これは信仰を持つ人間にこそピタリとあてはまることでしょう。しかしどれだけの人が正直にそう言えるほど聖書を読んでいるでしょうか。また三年かかってマタイを読んだと言います。口語訳聖書でわずか五〇頁ぐらいのものを読むのにどうしてそんなに長くかかったのでしょう。とにかく自分なりに真剣に、苦労して読んだにちがいありません。われわれが聖書をいいかげんな気持ちで読む時に、このことを思い出してみることはたいせつでしょう。こののち太宰治の文学には聖書がかげのようにつきまとっています。ただ戦争中の作品には出てこないようです。これもまた興味のあることですが、それだけにそのころの作品は陰影に乏しい、深みの足りない感じがします。

それはともかく、問題はそんなにまでして読みながら、彼はどのような聖書の読み方をしたかということです。わたくしは思います。聖書の投げる光は本来明るいものであるはずです。健康なものであるはずです。しかし太宰治の文学の中で、聖書は明るさをつくらずにくらさをつくっているようにしか思えません。率直に言ってこの作家の悲惨な死を思うとき、マタイによる福音書の中のどこを読んだのであろうかと思うのです。

この人の作品に引用される聖書のことばの統計をとってみるのもおもしろいかもしれませんが、わたくしの感じでは、たとえばマタイによる福音書の第六章のはじめの部分のように、偽善を責めるキリストのことばが多いように思います。ほぼそうした種類の聖句が多いということは確定的なことではないかと思います。なぜ偽善をつくことばに心をひかれたのでしょうか。

もとより他の種類の聖句も出てまいります。たとえば「明日のことを思いわずらうな」とか「一日の苦労は一日にて足れり」という、信頼に満ちた充足感を現わすことばです。わたくしの好きな作品に「正義と微笑」というのがあります。ここには何ともいえない明るさがあります。健康なユーモアがあります。その明るさとこのような聖句とは無関係ではなさそうです。だがしかし、これが彼の文学の本流ではありません。それはあらしの中のちょっとした晴れ間のようなものです。戦後の有名な諸作品の中に引用される聖書は、時に読む者の心をいらだたしくさえさせます。それはなぜなのでしょうか。

さきほどの「ヒューマン・ロスト」の文章にもどると、あの文章の前に次のようなことばがあります。これは注目すべきものではないかと思います。

私は「おめん！」のかけごゑのみ盛大の、里見、島崎などの姓名によりて代表せられる老作家たちの剣術先生的硬直を避けた。キリストの卑屈を得たく修業した。

里見、島崎というようなことはここではしばらくおきましょう。「キリストの卑屈」とは何でしょうか。これは聖書にはないことばです。太宰治のつくったことばです。あえて卑屈と言わずにおれないということ、いやもしかしたら思わず卑屈と言ってしまうところに、この人の心がふき出してくるのです。「てれる」「はずかしい」「うそつき」。つぎつぎとこんなことばが示すのは、自分で自分をもてあましてしまっている人の姿です。たしかにわれわれが聖書のきびしい姿にふれるとき、自分でどうしていいかわからなくなるほどに自分の正直な姿、みじめさに直面させられてしまいます。しかし聖書はそれで終わるものではないはずです。自分にとって耐えがたい自分の重み、暗さを加え、増していくだけのものではないはずです。もしそのような力しかなかったら、聖書をまじめに読めば読むだけ自殺するよりほかないだろうと思います。卑屈ということばにいちばん近い聖書の用語は謙そんということでしょう。しかしそれはけっして卑屈ということばと同じではありません。卑屈になるということは、もてあます自分の真相をくらまし、自分を甘やかす道であるかもしれませんが、けっして明るくおのれを生かす、すこやかな生活ではないのです。キリストが身をもって示される謙そんな者の姿は、卑屈というようなこととは全く異なった、自他ともに大きく生かす堂々たる道です。太宰治は聖書をよく読みました。しかし聖書の中にこのキリストを読みとらないのです。結局は自分だけを読んだにすぎないのではないでしょうか。わたくしにはどうもそのようにしか思えないのです。

4

ピリピ人への手紙の第三章は、その著者である使徒パウロが、自分の信仰について語っている有名なところです。ユダヤ人の中で最も模範的なユダヤ人であり、当時としてはすぐれた知識人でもあったパウロが、なぜ一転して苦労の多いキリスト者の生活に入ったのでしょうか。その問いに答えるパウロのことばは、八節から九節にかけての次のようなことばであろうと思います。

それは、わたしがキリストを得るためであり、律法による自分の義ではなく、キリストを信じる信仰による義、すなわち、信仰に基く神からの義を受けて、キリストのうちに自分を見いだすようになるためである。

これはキリストを信じるということがどういうことであるかを語る、もっともすぐれた聖句のひとつであると言えます。この内容全体について説明していくことが、このわたくしの書物全体の目的であると言ってよいでしょう。今のところさしあたって注意していただきたいのは、「キリストのうちに自分を見いだす」という結尾の一句です。これは口語訳聖書の新しい訳の中で注目すべきもののひとつです。この一句は、原文であるギリシア語に忠実に従えば、「キリストのうちに見いだされる」という、受身のことばが使われています。なぜそれを、自分が自分を見いだすというように能動の意味で訳しているのか、すこし疑問がのこると思います。しかしこの日本語訳はそれなりに意味が深いと思います。

われわれが聖書を読むのは何のためかと言えば、パウロに従って「キリストを得るため」ということができます。しかし、それは同時に「キリストのうちに自分を見いだすため」なのです。その点でよく誤解があると思います。信仰を持つとは、自分を捨てきってしまうことであると考える人があります。それは確かにそうです。太宰治も自分のみじめさを知りながら、そのみじめさにこだわり、みじめな自分にこだわって、これを捨てきれなかった人なのでしょう。けれども信仰の世界は自己を発見する世界であるということにもっと注意する必要がありましょう。もはや自殺などというおそろしいことをすこしも考えずに、自分をたいせつにして生きていくのです。信仰とは、自分をほんとうにたいせつにする心です。自分を生かす心です。自分を押し殺そうとするような心ではないのです。信じなかった時には思ってもみなかったように、自分がたいせつにされていること、自分の生命の重さをずしりと感じて生きていくこと、それが信仰です。

太宰治が愛読したというマタイによる福音書の、一六章二四節以下を読んでみましょう。

「だれでもわたしについてきたいと思うなら、自分を捨て、自分の十字架を負うて、わたしに従ってきなさい。自分の命を救おうと思う者はそれを失い、わたしのために自分の命を失う者は、それを見いだすであろう。たとい人が全世界をもうけても、自分の命を損したら、なんの得になろうか。また、人はどんな代価を払って、その命を買いもどすことができようか」

皆さんもよく聞く聖書のことばでしょう。そしてわれわれはいちばんはじめの「自分を捨て」ということばに閉口するのです。だからキリスト教の要求はきびしすぎる、自分のような者にはとうてい従い得ないと思って、敬遠してしまうことが起こります。またある人々はこの聖句をさまざまな人につきつけて、威丈高《いたけだか》に、献身的にキリストに従うことを求めます。またある人々は、こういうキリストの要求を知っておりながら、知らないような顔をして、つまり自分の生活においては妥協するよりほかないとあきらめて生きています。ここにも聖書を読む際の共通の問題があります。ここにある問題はまたあとで、くりかえして考えていくことにしましょう。ただここでわれわれが気をつけたいことは、このはじめのことばにつづくキリストのことばです。われわれのいのちは、全世界にまさると言われることばです。よく「いのちから二番目にたいせつなもの」と言います。とてもたいせつなもののことをそうよびます。自分のいのちが何よりもたいせつだということは、わかりきっていることなのだというのです。しかし、はたしてそうだろうか、と改めて考えてみることも必要なのではないでしょうか。われわれのいのちはひとつしかありません。そしてそのいのちは毎日毎日ついやされていきます。今ここですごす時間は、その生活は、一度すぎ去れば取りもどすことはできません。何ものによってもかえることはできません。かけがえのないものです。そんなことはわかっていることです。わかっているならなぜ自分の生活をもっとたいせつにできないのでしょうか。われわれは、ほんとうに自分の価高きことを知っているのでしょうか。何によって自分のいのちの重みをはかっているのでしょうか。単純に本能的に自分は死ぬのはいやだなどというようなことでは足りないでしょう。それだけでは自分のいのちを、それにふさわしく生かしきることもできません。自分のいのちのほんとうの値うちがどこでどのようにしてはかられているかを、われわれは知っていると言えるでしょうか。全世界をもってしてもはかりきれないというのなら、何によってはかったらいいというのでしょうか。われわれは自分のいのちの尊さを見失っているのかもしれません。それだから自分を生かしきることができないのです。自分のいのちはたいせつだといいながらそれを自分のものにしていることができないのです。「自分の命を損」するようなことになっているのです。

「買いもどすことができようか」と問うキリストは、おそらくわれわれのいのちの価を知っておられるのでしょう。いやきっと知っておられます。この一六章のことばはすぐその前の二一節以下では、ご自分が十字架につけられて殺されるとの予言を開始されたと書かれています。これを聞いたペテロはびっくりしてキリストをいさめてさえいます。しかし、キリストはきびしくこれをしりぞけ、十字架への道をみつめておられます。すでにその道を歩いておられるのです。何のためでしょうか。われわれも同じように死ななければならないという模範を示すためなのでしょうか。わたくしは思います。それはわれわれのいのちを買いもどすためだったと言ってはいけないでしょうか。キリストの十字架の意味についてここで詳細な説明はいたしません。ただわれわれのいのちの値うちをもういちど正しくはかり直すためにキリストが死んでくださったと言えないでしょうか。われわれの失われたいのちの価を知るためには、キリストの死の価の高さを知ればよいのです。自分自身のいのちの重さはキリストの十字架の持つずしりとした重みによってのみはかりうるのです。

ペテロの第一の手紙はこう言います。

あなたがたのよく知っているとおり、あなたがたが先祖伝来の空疎な生活からあがない出されたのは、銀や金のような朽ちる物によったのではなく、きずも、しみもない小羊のようなキリストの尊い血によったのである。(一・一八、一九)

このことを知ることです。ここからすべてが始まるのです。自分で自分の重みを知り、またこれをささえなければならないのではないのです。先のピリピ人への手紙のパウロのことばが実は「キリストにおいて見いだされる」というのが原意であることを思い出してみてください。もちろんはじめは自分が自分を見いだし、生かしていくものだと考えます。そのような生き方をします。そのような心で聖書を読んでいます。しかしそこでわれわれが知るのは、そうやって自分自身が求めている自分のいのちが、すでにキリストによってはかられているということです。自分が生きていく道が、というより、自分が生かされる道が、ひらかれていることを知るのです。このようにキリストの中に自己を発見すること、ここにわれわれが聖書を読む目標があるといえるのではないでしょうか。ですからパウロにおいても、「キリストを得る」ことと「自分を見いだす」こととは同じひとつのことなのです。キリストによって自分が生かされる、自分のようなものでも生きる道がここにそなえられている。それがキリストの恵みです。先に、聖書の中に読みぬくべきものとして示されたキリストの恵みなのです。

第二章　聖書のこころ

山上の説教について

これから皆さんといっしょにマタイによる福音書第五章の山上の説教のはじめの方を読んでみたいと思います。はじめにお断わりしたように、ここでは厳密な注解をするのではありません。説教ともちがいます。第一章ですこし形式的に考えてみたのに対し、それを更に展開していくような心持ちで、いっしょに聖書を読んでみようと思うのです。あれこれと考えながら、聖書のこころを読みとってみようと思うのです。

先日もわたくしのところにある人がたずねて来ました。戦争が終わるまで軍人だったこの人は、その後まだ教会の礼拝に出たことはないが、キリスト教には深い関心を持っているのです。聖書は全部読んだことはない、だがマタイ伝だけは読みますよとの話。山上の説教を読まれるのですかときけば、そうです、あそこはいいですな、読んでたいへん気持ちがよい、とのことでした。戦争中の軍人としての生活をきびしく反省しているこの人が、どんな心で山上の説教を読んでいるか、よくわかるような気もしましたし、もっとよく聞いてみたいとも思いました。このような例でもわかるように、山上の説教は多くのひとびとに愛されます。それだけにさまざまな読み方がなされます。とにかくここにはひとつの生き方が、生活が述べられています。美しい道徳の理想が語られていると思った人もありました。この教えはきびしすぎると知って悩んでしまった人もあれば、都合のよい解釈でかたづけてしまう人もありました。わたくしもわたくしなりに心ひかれるままにくりかえし読みました。教会の人たちと読んでは語りあいました。そして今また皆さんといっしょに読んでみたいのです。

　できれば他の注解書のようなものを読んでくださってもいいと思いますが、しばらくこのすこし風変わりな文章を読んで、聖書のこころを自分でたずねていく手がかりとしてください。まず聖書本文を読んでみましょう。

> イエスはこの群衆を見て、山に登り、座につかれると、弟子たちがみもとに近寄ってきた。そこで、イエスは口を開き、彼らに教えて言われた。

「こころの貧しい人たちは、さいわいである。
　天国は彼らのものである。
悲しんでいる人たちは、さいわいである。
　彼らは慰められるであろう。
柔和な人たちは、さいわいである。
　彼らは地を受けつぐであろう。
義に飢えかわいている人たちは、さいわいである。
　彼らは飽き足りるようになるであろう。
あわれみ深い人たちは、さいわいである。
　彼らはあわれみを受けるであろう。
心の清い人たちは、さいわいである。
　彼らは神を見るであろう。
平和をつくり出す人たちは、さいわいである。
　彼らは神の子と呼ばれるであろう。
義のために迫害されてきた人たちは、さいわいである。

天国は彼らのものである。

わたしのために人々があなたがたをののしり、また迫害し、あなたがたに対し偽って様々の悪口を言う時には、あなたがたは、さいわいである。喜び、よろこべ、天においてあなたがたの受ける報いは大きい。あなたがたより前の預言者たちも、同じように迫害されたのである」（マタイ五・一―一二）

1

山上の説教というとすぐ問題になるのは、この説教はだれに対してなされたのかということです。一節には、「群衆を見て、山に登り、座につかれると、弟子たちがみもとに近寄って来た」とありますから、弟子たちが直接の対象となっていることは見当がつきます。すくなくともキリストにいちばん近いところで耳を傾けていたのです。しかしそこで群衆はどのような位置を占めているのでしょうか。群衆を見て、それから山に登られたということをどう解したらよいのでしょうか。この字句にこまかくとらわれるのも無意味かもしれません。ここにこんな文章があります。

キリストのことばをきく弟子たちの背後に、数千の聴衆がいた。彼らもキリストのことばをきくことができた。できることならキリストの弟子として、もっとそばに行きたかった。彼らは主が八回もたてつづけに「さいわいである」と言われるのを聞いたとき、どんなにうれしかったことであろう。それはまことにやさしい祝福のことばであった。誰もこのことばによって、自分がのけものにされているとは思わなかった。誰もがひきつけられるのを感じた。主はそこにいるすべての人々をひきたたせ、しあわせにしてくださるのである。なりたいと思えばしあわせになれるようにしていてくださる。それまで人殺しだった者も、姦淫の罪を犯した者も、盗人も、うそつきだった者も、自分はのけものにされてはいないと知る。今、心貧しく、悲しむ者になりさえすれば、のぞみを持つことがゆるされるのだという希望を抱いたのである。

この美しいことばは、十九世紀のなかばに生きたクリストフ・ブルームハルトという人の説教の一節です。ブルームハルトはその後継者になった息子と共に、南ドイツで大きな感化を及ぼした牧師です。この人は学者ではありませんでした。ただ実に多くの人に慰めを与えることのできる牧師でした。そのような人が、このように山上の説教を理解しているということはまことに興味があるといえるでしょう。ブルームハルトがすぐれた牧師だったのは、彼自身にそのための才能や力量もあったと思いますが、同時にそれよりも、今のことばにこめられているようなキリストに対する信仰のゆえであったということができると思います。

もうひとつこんな文章があります。

イエスは弟子たちに語っておられる。弟子たちはすでにイエスの呼びかけの力にとらえられてしまっている人たちである。……弟子たちは自分の仲間であった民衆からぬけ出して来た。何もかもふりきってキリストの呼びかけに応じ、お召しにこたえて従って来た。彼らは何も持っていない。だが神のかたわらにはすべてのものがそなえられている。

これは、ボンヘッファーという人のことばです。この人の名は皆さんも教会へ行くとお聞きになることもあると思います。二十世紀の波瀾の多いドイツにあって、キリスト教徒たちが古くさい伝統にしがみついたり、形ばかりの信仰生活しかしないのをうれえて、すぐれた学者でありながら、実際にキリスト者らしい生活をしようとして戦いました。終戦直前に反ナチス運動をしたとの理由で死刑にされたことは、たいへん有名なことです。そのような牧師がこのように山上の説教を見ていることも、やはり興味が深いと思います。キリストのことばはどこまでも広く、深くひろがります。けれどもわれわれが黙ってそれを見すごしたり、聞きすごしたりしていたら無意味です。山上の説教は傍観者にはわかりません。キリストのことばの語る世界に、キリストのそばにとびこんで行って、これを聞く心がなければわかりません。ボンヘッファーが教えてくれるのはこのことです。聖書の中での実際のきき手がだれであったかをいくらせんさくしてみても、キリストの説教を聞いた人の氏名が全部わかったとしても、それだけではつまりません。ブルームハルトやボンヘッファーの身をうちこんだ読み方をまなびたいものです。

2

ここにくりかえされる「さいわいである」ということばについても、たいへんよく似たことが言えるように思います。以前に用いられた訳では、「さいわいなるかな心の貧しき者」というように、文のはじめに出てきていました。ギリシア語原文でもそうなっています。強調されて、力強く語られていることばです。このことばをある人は、招きのことばだと解釈しました。ふしあわせをなげく人に、ここにおいでなさい、ここにあなたがさいわいを知る世界がありますよと、呼びかけ、招きよせていてくださるのです。またある人は、これはさいわいを約束することばだと考えました。だれも保証なんかしてくれないわれわれのしあわせを、キリストは約束してくださるのです。あるいはまた、このことばには、聞く者の生活をまったく新しくつくりかえてしまう創造的な力がこもっていると考えた人もいました。皆さんはどれをとりますか。どれもそのとおりだと言ってよいかもしれません。ただここに共通なことがあります。それはこの三つの理解のいずれも「さいわいである」ということばだけを読んだ結果ではないということです。むしろその短い一句の背後にあるキリストの力を感じとっているのです。よく言われることですが、山上の説教は、七章二九節から理解されなければならないという意味も、そこにあると思います。「律法学者たちのようにではなく、権威ある者のように、教えられた」とあります。山上の説教全体がこのイエスの権威、支配的な力に根ざしたものなのです。学者が教える道徳の教科書ではないのです。キリストご自身、われわれの生活のさいわいを、傍観者として語ってはおられないのです。ひとの生活を外からながめて、ああ、あの人たちはしあわせそうだなあ、ひとつお前たちもあんなふうになったらどうかなどと、のんきな話をしておられるわけではありません。世の中にはよく無責任な訓辞があります。特に若い人たちに、世の中の役に立つ人間になってほしいとか、正しい人間になってほしいとか、しあわせに生きなさいとか申します。もし本気で人に生き方を教えるのなら、自分がそのような生き方をしてみせなければ無責任なことになります。すくなくとも自分でそのことばをうらぎらないような真実な生き方が求められます。またそうした生き方が真実の生き方であることを、何らかの形で保証するぐらいの心がなければならないはずです。そんな人間はいないということになりそうです。しかしキリストはそれができるかたです。山上の説教の語る生活は、何よりもキリストご自身において具体化されているのです。山上の説教が語るすばらしい人間の姿は、だれよりもキリストご自身の姿なのです。多くの人がここにほんとうの人間の理想があると思いながら、こんなことは不可能だとも考えてしまう時に、そのほんとうの人間の歩む道を、われわれの先頭に立ってイエスが歩いておられるのです。そして「わたしについて来なさい」（マタイ四・一九）と言われるのです。

「キリストの模倣」ということばが昔から用いられてきました。これはまるでわれわれ自身が自分の力で小さいキリストになれるような印象を与えますから、使わない方がいいともいわれます。そうも思います。しかし今述べたようなキリストとわれわれとの関係をあらわすには、やはり適切なことばだと思わずにおれません。ヨハネの第一の手紙二章六節をひらいてみてください。

「彼におる」と言う者は、彼が歩かれたように、その人自身も歩くべきである。

キリストの中に住むということは、同時にキリストの歩みをまねてわたくしも歩むことなのです。キリストが歩かれたその一歩一歩に、自分もあとから自分の歩みをあわせていきます。歩きにくい雪の道、どろんこの道を歩くとき、先頭に立って導いてくれる人の足跡に、自分の長靴をあわせるようにして、ふみしめ歩きます。キリストの中にあるという信仰の生活は、何もしないでじっとしているのではなくて、キリストの中へ一歩一歩ふみこんでいくような生活だと言えます。しかも同じヨハネの第一の手紙の二章一節にはこうしるされています。

もし、罪を犯す者があれば、父のみもとには、わたしたちのために助け主、すなわち、義なるイエス・キリストがおられる。

これはよく教会の聖餐式の時に読まれます。キリストを追う生活にはたえず失敗があります。失敗の連続だといってもよいかもしれません。けれども、その失敗をひとつひとつとりなしてくださるのが主イエスなのです。なんべんでも失敗をゆるし、立ち直ることをゆるしてくださるのがイエスなのです。「さいわいである」と言われるイエスは、けっして無責任なかたではないのです。

3

さて「さいわい」とは何でしょうか。幸福についてという文章や話に接したことは、だれでもあることでしょう。それどころか、一度は自分にとって「さいわい」とは何であろうかと考えたことがあるでしょう。

そのような時によく言います。聖書のいうしあわせと、この世のしあわせとはちがうのだと。それはそうかもしれません。単純にいって高い地位・身分・金銭・さまざまな名誉・さまざまな欲望の充足などが約束するしあわせとはちがうと思われます。そういう区別をあらわすために、ここの山上の説教のいうさいわいを幸福と呼ばず、浄福と表現することもあります。美しい表現であると思います。ただその際に気をつけなければなりません。そうした表現によってわれわれはキリストの約束される浄福を灰色のように、くすんだものと考える。押し殺されたような世界を考える。バラ色の人間味あふれるような幸福とはちがうように思う。そういうことが多いのではないかということです。しかし、はたしてそうでしょうか。

われわれは、いつのまにか信仰の与える幸福は精神的なことであって、物質的なこと、肉体的なことには関係がないと思っています。ある婦人にこんなことをいわれたことがあります。キリスト教とはたいへんよいものだと思う。しかし今の自分は、家族も健康であるし、経済的にも不自由はないし、たいへんしあわせだから神さまなんか信じなくてもいいように思う。これで主人か子供が急に死ぬようなことがあればどうなるかわかりませんが……。これにはわたくしもちょっと驚きました。しかしよく似た考え方はどこにでもあると思います。日常われわれが楽しんでいる幸福な学校生活や家庭生活は、信仰と直接に関係がない。信仰の世界はもっと別世界のことなのだ。信仰に入るということはそういう楽しい生活を捨てることなのだ。人間的とひとによばれる世界を捨て、浮世ばなれした非人間的な世界に行くことなのだ。だからこの世に絶望し、この世のしあわせにのぞみを置かなくなった時に行く世界なのだ。そう考えてしまうのです。こういう考え方の根底には、精神と肉体とか、霊と肉とかいうように、人間の生きる世界や人間そのものをわけてしまう考え方があるわけです。そこから精神の世界のことである信仰に専心するには、肉体的なものをしりぞける禁欲の生活が必要だと思ったりするわけです。

しかしこのように精神と肉体とをわけるということが、どれだけ聖書にもとづくものなのか、わたくしはすこし疑問に思います。むしろこれは聖書以外の、たとえばギリシアの人たちの考え方に影響をうけたところがあるのではないでしょうか。ギリシアの哲学者たちのことばの中に、「肉体は精神の牢獄である」「肉体から解放されることに真の浄福がある」「哲学とは死の練習をすることである」などというのがあります。人間の精神は天上の世界に属する美しい神的なものなのです。肉体は本来けものの世界と相通ずる醜い欲望の世界なのです。精神の純粋な活動を妨害するだけのものなのです。したがって、生きていながら肉体を押し殺し、それだけ純粋に精神の働きが自由に豊かになされるようにすること、そこにわれわれのほんとうの理想の生活があるのです。聖書も同じようなことをいうのでしょうか。

聖書にも肉ということばは使われています。しかしそれは、肉体というのとはすこしちがいます。ガラテヤ人への手紙五章一六節以下を見ると、「御霊によって歩」く生活と「肉の働き」

による生活とは全く相反し、相いれないものとされています。けれどもそれはけっして精神と肉体という対立ではありません。それはむしろ信仰によって生きることと律法によって生きることという、ガラテヤ人への手紙が終始一貫論じているふたつの生活のすがたに深い関係がありそうです。信仰によって生きるということは、キリストから離れまい、恵みから落ちまいとすることです（五・四）。そうすれば、律法に生きるということをすこし広く言うと、キリストから離れてしまおうとする生き方、恵みから落ちた生活だということができます。肉による生活というのもこれと同じことのようです。神の恵みに信頼せぬもの、神に反抗する生き方のことのようです。

これを逆にいえば、われわれの肉体も、キリストの恵みの祝福にあずかることができるということです。キリストの語られるさいわいは、はじめから終わりまで肉体を排除してしまっているということではないのです。十六世紀につくられ、今に至るまで長い間愛されてきた美しい信仰の書物にハイデルベルク信仰問答というのがあります。そのいちばんはじめはこんなふうにして始まります。

問い一

生きている時も、死ぬ時もあなたの唯一の慰めは何ですか。

答え

わたくしが生きている時も死ぬ時ももはや自分のものではなく、身と魂とをもってわたくしの救主イエス・キリストのものとなることです。……

このすばらしい問いと答えにはまたふれることもあるでしょうからおぼえておいてください。今ここでは「身と魂とをもって」ということに気をつけてみたいと思います。「慰め」ということばはさいわいと言いかえることもできるでしょう。人間は身と魂との全面にわたって慰めを得るのです。さいわいを得るのです。すこやかになると言ってよいのです。精神とか肉体とかどちらか一方だけの人間というのは、車の両輪が片方欠けたようなものではないかとも言えます。そうなのです。そして聖書は、人間が自分の生の根源である神との交わりを失ってしまうと、そうした状態になるというのです。禁欲的な純粋な精神だけの生活を重んじたり、人間の精神的なことがらは忘れてしまったように肉体的な物質的な欲望に生きたりするということは、いずれもわれわれの周囲にいくらでも見ることのできる病的な現象なのです。精神と肉体とがばらばらになったような考え方しかできないことも、聖書のいう罪に数えることができると言っていいのです。言いかえればキリスト者である人は、自分こそ心身ともにすこやかで生きうる者、もっとも人間らしい生活をいとなみうるものとの確信が与えられるのです。のぞみが与えられるのです。もちろんこの人間らしさは、聖書以外の世界でふつうに考えられている人間らしさとはちがうかもしれません。しかしいずれにしても信仰の世界は、この人間らしい豊かさを正しく回復する道なのです。

パウロが、何年もの間心身をうちこんで伝道のために働き、その晩年に至ってなお獄中にあって書いた手紙のひとつがピリピ人への手紙であるといわれます。世間的にいえばパウロの後半生は全く不遇でした。キリストを知る以前の生活の方がずっと楽で豊かだったと言えるでしょう。伝道者にならなかったら、功成り財を積んで、ゆうゆうたる生活に入っていたかもしれない年齢を獄中にすごすパウロの心はどうだったでしょうか。そう思いながら四章八節以下を読むと、驚くほどにひろやかな包容力、豊かな感覚にふれることができます。

最後に、兄弟たちよ。すべて真実なこと、すべて尊ぶべきこと、すべて正しいこと、すべて純真なこと、すべて愛すべきこと、すべてほまれあること、また徳といわれるもの、称賛に値するものがあれば、それらのものを心にとめなさい。

あるいはまた一一節以下にこんなふうに書かれています。

わたしは、どんな境遇にあっても、足ることを学んだ。わたしは貧に処する道を知っており、富におる道も知っている。わたしは、飽くことにも飢えることにも、富むことにも乏しいことにも、ありとあらゆる境遇に処する秘けつを心得ている。

この秘けつはどこにあるのでしょうか。鼻をふさぎ目をつむって、ただがむしゃらに生きるということではなさそうです。肉体を押し殺しているからどんなことでも平気だというようなことではなさそうです。どんな境遇をもゆたかに歩みうる心、それは心身ともにいずこにあってもすこやかな心です。その時「神の造られたものは、みな良いものであって、感謝して受けるなら、何ひとつ捨てるべきものはない」（第一テモテ四・四）という心で、すべてのものに対するひろやかな心に生きることができるのです。

われわれが聖書によって約束されている「さいわい」の道は、ここにあるのではないかと思われます。

4

さて、この「さいわい」ということをもうすこし考えてみましょう。三節以下では、このさいわいに生きる人のさまざまな面が語られます。そしてそれに応ずるように、さいわいのさまざまな姿が語られます。たとえば、心の貧しい人のさいわいは、天国が彼らのものになっているからです。その中ですぐに気がつくことは、三節と一〇節に最初と最後をしめくくるように「天国は彼らのものである」と語られていることです。この天国という語はマタイ以外の福音書では神の国といっているのと同じです。そういうことばの出てくるところをひろい読みしてくださるとすぐわかると思いますが、天国といってもわれわれが死んでから行くようなところとはちがうようです。「神の国はすでにあなたがたのところに来た」（ルカ一一・二〇）とさえ言いうるようなものなのです。われわれの生きている現在において、すでに知りうるものなのです。けれども現在われわれが知りうる神の国といってもそれはどこにあるのでしょうか。人間が美しい心になってつくりあげる愛に満ちた共同生活、貧しさも苦しさも争いもない理想の社会のことだと思った人もありました。しかしそんなものをどこに見つけることができるでしょうか。そんな社会をつくり、ささえていくような力を、われわれのうちのだれが持っているのでしょうか。最近では、聖書がいう神の国というのは神の支配とした方が誤解が少なくてよいとされているようです。われわれがつくる理想の社会とか、死んでからはじめて行くことのできる、日本流にいえば極楽浄土の世界とかいうことではなくて、神が神として支配してくださるということであり、われわれがその支配のもとに立つということなのだというのです。神が支配するとはどういうことなのでしょうか。われわれを神が神らしく扱ってくださるということといってよいでしょう。第一章の終わりで言ったことを思い出してください。キリストが十字架をもってわれわれの生命を買いとってくださるということを思い出してください。そのキリストはよみがえられました。いうまでもなく、それは神の大きな力、死をも克服し、支配する力です。キリストがこの地上に生き、死に、よみがえられたとき、その神の支配が、神の国が、われわれにとって現実的な力になりました。「わたしはよみがえりであり、命である。わたしを信じる者は、たとい死んでも生きる」(ヨハネ一一・二五)。神の支配、神の国はこのキリストを信じて生きる者たちにとって、現実に知りうる神の力です。神の国の働きはキリストの力づよい働きの中に示されています。いやキリストそのものだったといってよいのです。

神の支配というのは、逆に人間のがわからいえば、われわれが神を神としてほんとうにあがめるようになることです。信仰とは、われわれが神をまことの神として拝し、これに従うことだなどと言いますと、何か押しつけられたような、きゅうくつなことのように思う人もあるようです。けれどもそれはちがいます。神さまなんかいない方が人間だけでのびのびした人間らしい生活ができるというのは、昔からある、困った考え方です。神とのかかわりなしに生きようとすれば、足もとも定まらず、目標も定まらない生活になってしまいます。旧約聖書の中には預言者といわれる人々が登場してきます。この人たちは、いろいろな時代の中で、国の将来や民族の運命をあらかじめ予言するようなことばかりしたように考えられることもありますが、それは誤解です。歴史の前途を見ぬいて、王に対して適切な助言をすることもあったでしょう。しかしもっとたいせつなことがありました。たとえば、代表的な預言者イザヤのことばを読んでみましょう。イザヤ書のいちばんはじめの一章一二節以下です。

あなたがたは、わたしにまみえようとして来るが、
だれが、わたしの庭を踏み荒すことを求めたか。
あなたがたは、もはや、
むなしい供え物を携えてきてはならない。

薫香は、わたしの忌みきらうものだ。
新月、安息日、また会衆を呼び集めること――
わたしは不義と聖会とに耐えられない。
あなたがたの新月と定めの祭とは、
わが魂の憎むもの、
それはわたしの重荷となり、
わたしは、それを負うのに疲れた。

ユダヤの人たちの礼拝生活に神が閉口しておられるのです。一五節では、目をおおい、耳をふさぐ神が語られています。イザヤはユダヤの人たちの社会生活のみだれが、礼拝をめちゃめちゃにしていることを責めるのです。人間の生活の混乱は、その人間が形ばかりは礼拝をしながら、すこしも神を拝んでいないことと無関係ではないのです。預言者はこのような神を礼拝する生活を戦いとろうとした人たちだと言ってよいのです。ですからイザヤ書につづくエレミヤ書は、自分がいのちをかけて待ちのぞむ世界を、このように述べています。

……わたしは、わたしの律法を彼らのうちに置き、その心にしるす。わたしは彼らの神となり、彼らはわたしの民となると主は言われる。人はもはや、おのおのその隣とその兄弟に教えて、「あなたは主を知りなさい」とは言わない。それは、彼らが小より大に至るまで皆、わたしを知るようになるからであると主は言われる。わたしは彼らの不義をゆるし、もはやその罪を思わない。（エレミヤ書三一・三三、三四）

エレミヤがのぞんだ世界、礼拝ひとつできない人間の不義がゆるされ、神ご自身の方からつくり出してくださる新しい世界、それこそ主イエスがつくってくださった世界だということができるでしょう。だれもが神を知り、神を愛するようになる。その時われわれもまたさいわいをうるのです。そしてそこにまで至る道を知り、自分でそれをひらいていてくださるイエスが、「天国はあなたがたのものだ」といってくださるのです。

5

さてそこで三節以下つぎつぎと語られる人間の姿に目をうつしてみましょう。もちろんこのさまざまな姿は、みんな異なった人間のクイブであるというより、同じひとつの生き方を語るものでしょう。むしろ根本的には同じ生き方が、どんなに変化に富んだ豊かな心を示すか、ということを知ることができるのだといってよいのです。それに応じて、そうした人が知りうるさいわいもまた同じように豊かなのです。

ある人はこんなふうに読みました。いちばんはじめの「心の貧しい人」というのがすべての根本であると言ってよい。それにつづくものは、その心の貧しい者といわれる人のさまざまな側面である。それはちょうど音楽の変奏曲という形式が、はじめに主題になる旋律を示しておいて、それがつぎつぎと変奏されていくのに似ている、というのです。わたくしにもそのように思われます。そこで、この心の貧しい人間とはどのようなものなのかということをすこしていねいに考えてみたいと思います。

ルカによる福音書の六章二〇節以下には、この山上の説教とたいへんよく似た説教がのっていますが、そこには「あなたがた貧しい人たち」というふうに書かれています。ここから考えて、もともと主イエスは単純に物質的に貧しい人のことを言っておられるのではないかという意見もあります。これはあとでも考えるように、たいせつなことだと思います。しかしそれだからといって物質的に貧しいということそれ自体が重んぜられているように思ったり、貧乏になればそれでいいというふうに考えてしまうことにも問題がありそうです。

われわれの心は貧乏な時に美しいなどとはけっして言えないでしょう。「貧すれば鈍する」とか、「衣食足って礼節を知る」とか、いつでもわれわれが口にすることばは、貧しければかえって人の心のみにくさも深まることを教えるものでしょう。どん欲・無知・恥知らず・不道徳・乱暴、さまざまな悪徳が貧しさにむすびついていることは、説明の要のないことであり、古今東西いずれも変わらぬところと思います。貧しさが人の心をつくるということより、貧しさに敗北して生活を失っている人間の方がどれだけ多いでしょうか。

それならば心の貧しさということになるとどういうことなのでしょうか。

精神的に貧しい、欠乏している、貧弱で貧相だという意味でしょうか。もちろんそんなふうに考える人はまずなさそうです。もうすこし値うちのある心の貧しさのことだと言った方がよさそうです。そこでたとえば昔から行なわれてきたひとつの考え方は、ここでは謙そんの徳ということが説かれているのだと理解しました。あるいはまた自分の豊かになりたいという欲望を押し殺す禁欲の心だと理解した人もあります。自分に財産があるならそれは捨ててしまうのです。それだけの勇気ある決心をすることが必要なのです。どんな貧しい生活にも耐えられる忍耐が必要だということです。そうするとそれははたして心が貧しいということになるでしょうか。むしろ心の豊かさ、それだけのことをすることができる心の偉大さということになってしまうのではないでしょうか。

謙そんの徳ということもわれわれはよく知っています。キリスト者は謙そんでなければならないなどということは、いつも言われることです。そのくせわれわれは自分が謙そんであるかどうかを考えてみると、はなはだ頼りないものです。それはなぜでしょうか。われわれは謙そんになりきることができるほどえらい人格者ではないということなのでしょうか。案外われわれは心の中でそのように考えているものです。それにまたこんなふうに考えていることもあります。

第一に、われわれは口でいうほど謙そんということを重んじてはいません。実をいうと謙そんなどというのは弱い人間の徳、弱者の徳でしかない。したがってこの生活のはげしい現代社会にあって、謙そんに生きるということなどは、生存競争に負けてしまうことであり、そんなことを考えていたら、たくましい生き方などはできなくなってしまう。こんな考え方をしてしまえば、謙そんに生きるということなどははじめから問題にならないでしょう。

第二に、それにしてもわれわれは生意気な人間だと言われるより謙そんな人だと言われた方がよいことは知っています。それは気持ちのよいことです。ということは、ひとから謙そんと認められ、そのために自分が何らかの意味で得をするかぎりは謙そんになろうとすることを意味します。一生懸命謙そんな人間になろうとします。けれどもその努力がむくいられて謙そんな人であると認められなければやはり損したように思います。遠慮ぶかいとかつつしみぶかいという美徳と同じようにしか考えていないのです。遠慮ぶかいなどというのは、自分をかざる社会的な飾りでしかありません。その方が世の中を生きていくのに都合がよいということでしかないのです。そのような飾りにしかすぎないものが心の貧しさといえるのでしょうか。そのようにうすっぺらなものなのでしょうか。そのように頼りないものなのでしょうか。

ある人がこの貧しさということについて、このような説明をしています。

貧しさという語が、ここと同じような意味で用いられるようになったのは、ユダヤの民がバビロニアに捕えられていたころか、それよりすこしあとのこと、いずれにせよ、旧約聖書イザヤ書四〇章以下の第二イザヤとよばれている部分が書かれたころです。ユダヤにはもはや自分たちの手による国はなく、全く異教の王のもとに屈服していました。当時の上層階級の人たちは、異教的な文化に圧倒されていました。けれどもその中に昔からの信仰の生活、礼拝の生活を守りつづけてきた人々がありました。それらの人々はほとんど例外的に貧しかったそうです。そこで信仰深い・正しい・神をおそれるということばと、貧しい・小さい・低いということばとは、ほとんど同じ意味を持つようになってきました。ルターはそれをみじめとか貧しいとか訳しましたが、これは内的にも外的にも同じひとつの態度を現わしています。内的にも外的にも、つまり精神的にも物質的にも、神にだけしか期待できなくなっている人のことです。神に忠実に生きようとすれば、迫害され、圧迫され、不正な扱いをうけるのです。それだけに彼らはその中で、ただ神に向き、神にのみすべてを賭《か》けるよりほかなかったのです。詩篇三五篇二〇節にある「国のうちに穏やかに住む者」と呼ばれているのはこのような人たちのことです。彼らはパリサイ人と同じように厳格な信仰生活を守ったのです。しかしただひとつのちがいがあります。それは、彼らは自分たちの信仰生活に自信を持ちませんでした。だからこそいっさいを神に期待せずにいられなかったのです。

以上のような説明はたいへん参考になることと思います。特にここで教えられることは、貧しさということが、実は自分の精神的な豊かさを意味するのだというようなことはけっしてないということです。貧しいということはしんから貧しいということなのだということです。そうなるとこれは、われわれが身におびる道徳的な題目のひとつである謙そんとはちがい、もっと根本的な何か、つまり神とわれわれとの関係のことのようです。われわれの神を信じる心のすがたを語っているのです。

そこで信仰のすがたを語るところとしてしばしば読まれるマルコによる福音書九章一四節以下を読んでみましょう。長い文章ですから引用しません。聖書をひらいて読んでみてください。

ここには信仰とは何であるかということが具体的に、明確に表現されているといえます。幼い時から霊にとりつかれてひきつけをおこす子をかかえた父親がいました。その子のためにこの父親はどれだけ苦労してきたことか、察するにかたくないといえます。その父がイエスの名を聞きました。ぜひこの先生に病気をなおしていただこうとさっそくこどもを連れ、イエスをたずねます。だがイエスは不在で、弟子たちしかおりません。

弟子たちはかつてイエスから、霊を追う権威を与えられ、それをみごとに用いて伝道した経験がありました（マルコ六・六以下）。そこで父親がこどもを連れて来たとき、こんな病気のひとつやふたつなおせないことはないと自信があったにちがいありません。ところがやってみるとうまくいきません。そこを律法学者につけこまれて閉口していたのです。その醜態をイエスがごらんになってしまいます。どうしてできなかったのでしょうか。二九節では、こう言っています。

イエスは言われた、「このたぐいは、祈《いのり》によらなければ、どうしても追い出すことはできない」

弟子たちはいやしを行なおうとして祈らなかったのでしょうか。もちろんそのようなことは考えられません。いやしをするのに祈るのは当然のことでしょう。そうすれば、祈りのかたちをとり、祈りのことばを語りはしたけれども、それが祈りになっていなかったということになります。真実の祈りの心を失っていたのだといってよいでしょう。

一方、父親の方はどうしたでしょう。イエスを見るやいなや、こどもはひきつけを起こして倒れてしまいます。父親はもしできれば助けてくださいと願いました（二二節）。この父親の気持ちはよくわかります。イエスの弟子に今頼んで、その願いは果たされなかったのです。その先生であるイエスに何ほどの期待をかけることができるでしょうか。しかし、だからといってどこに行くこともできません。父親はいきどころのない絶望を味わっていたことと思います。それだけにイエスに対して、「もしできれば」と言わずにおれなかったのはよくわかることです。しかしイエスは言われました。

「もしできれば、と言うのか。信ずる者には、どんな事でもできる」（二三節）

このイエスのことばにはきびしい叱責の調子もあります。しかしそれ以上に強い力で、父親の心に真実の信仰をひき起こす力を持っています。父親は自分は信仰なんかもてないからだめだとひきさがってはいません。逆にイエスのことばにひきたてられ、ひきずられるようにして叫びます。

「信じます。不信仰なわたしを、お助けください」

思わず投げ出すようにして叫ぶこのことばが真実の祈りのすがたを示すといえないでしょうか。だからこそこれにこたえて、イエスはいやしてくださったのだといえないでしょうか。この父親は「信じます」と言わされてしまいます。キリストの方で信仰の心、信仰の答えをそなえ、与えてくださったと言ってもよいでしょう。疑いに満ちていた父親の心は、ここですっかり変わり、確信に満ち、自信を持った宗教家のごとき信仰に生きるようになれたわけではないでしょう。だからいぜんとして「不信仰なわたし」というよりほかはないのです。しかしそのすぐ前の父親の気持ちと今の気持ちとの間には大きなちがいがあります。それは自分の不確かな心をゆだねるところを今は知っているのです。不信仰なのです。しかしその不信仰なままに自分をキリストにゆだねてしまうよりほかないのです。キリストに対する信仰を確実に保証してくれるものは、自分の中には全くないのです。自分の祈り、信仰についての自信はないのです。しかし、その不確かさを、キリストの確かさがささえてくださるのです。

わたくしは牧師をしていてよくこのような経験をします。たとえば受洗したいと申し出た人が、洗礼式が近づくと急にためらうことがあります。洗礼をうけたのちキリスト者として生活していく自信がないというわけです。このことはよくわかることです。けれどもわたくしはそのようなことのあるたびに思い、また言うのですが、本来信仰というのは自信、つまり自分を信じるのではなくて、神を信じるのです。神を信じるということは神とのつながりを持つことだと言ってよいでしょう。その時に、われわれの方のつながり方がたいへんしっかりしているから、われわれが救われるのは確実だというわけではないと思います。神さまの方でしっかりつかまえていてくださるのです。こどもが母親に手をひかれています。その時手をしっかり握っているのは母親であってこどもではないでしょう。こどもは母がしっかりつかまえていてくれるのを信頼し、自分の手をゆだねているだけのことだといってよいと思います。キリストは「幼な子のように神の国を受けいれる者でなければ、そこにはいることは決してできない」

（マルコ一〇・一五）と言われましたが、その幼な子とは、このように母の手にすがりきっているような幼な子のことでしょう。「心の貧しい者」も「幼な子」も同じことをいうのではなかろうか。わたくしはそう思います。

山上の説教は、自信を持ってどんなことでもやりとげてしまうような人間を求めているわけではなさそうです。まず求められているのは「心の貧しさ」です。自信なんか捨ててしまう心です。それどころか自分を信じることができないばかりでなく、イエスを信じ、神を信じるだけの確信も根拠もありません。しかし不確かなままに、信仰も貧しいままに、いっさいを神におゆだねするよりほかない心なのです。

「慰められている絶望」とか「信頼に満ちた絶望」ということばが、宗教改革者ルター以来使われるようになりました。ルターがある人にあてた手紙の中で使っていることばです。

愛する兄弟よ、キリストを学んでください。しかも十字架につけられたキリストをです。キリストには賛歌をうたい、あなた自身にはのぞみを失なうことをまなびなさい。そしてこう申しあげるのです。

愛する主イエスよ、あなたはわたくしの義、わたくしはあなたの罪です。あなたは、わたくしのものをひきうけてくださり、あなたのものを、わたくしに与えてくださいました。あなたは、ご自分がかつてそのようなものでなかったことを引き受けてくださり、わたくしがかつてそのようなものではなかったものを与えてくださったのです。

ですから、自分自身の前に、もはや罪人として現われまい、決して罪人ではあるまいというような純粋さを得ようと努力することのないように気をつけなさい。すなわち、キリストは、ただ罪人のかたわらにのみ住んでくださるのです。そのために、まさに、ただしい者と共に住んでおられた天より来られ、罪人の中にも、住いを定めようとなさったのです。そのような主の愛のことを、くりかえし思いめぐらしてごらんなさい。そうすれば、主のあまりにも甘い慰めを見ることになるでしょう。つまり、われわれが、自分の努力・苦悩によって、良心の平安へ至ろうと欲するならば――それなら、そのために、キリストが死なれたのでしょうか。そうではないのです。あなたはあなた自身と、そのわざとに、慰められた絶望をすることによって、ただキリストのうちにのみ平和を見いだすことでしょう。

慰められている絶望――これも言ってみれば「さいわいなる貧しさ」ということです。貧しさがさいわいであるということは本来あり得ないことです。絶望がそのままで慰められているということなどもありえないことです。貧しさそれ自体は不幸です。さいわいではないのです。豊かな精神的な高さをあらわすものでもなく、もじどおり貧しいということなのです。心の貧しい者はこの貧しさに徹します。自分自身には絶望します。しかしその絶望・みじめさが慰められているのです。その慰めは自分の貧しさからは出てきません。自分の貧しさが祝福を保証するわけではありません。ただ自分を「さいわいである」と言ってくださるキリストから出てくるのです。キリストによってささえられるのです。キリストの力の支配をうけるのです。これが神の国、天国のすがたです。心の貧しい人はすでに天国を得ているのです。

6

先にも述べましたように、これからあとにつづく各節が語る人の姿は、心の貧しい人とよばれる人が見せるさまざまな姿です。そう考えながら読みすすんでみましょう。

まず、すぐ出てくるのは「悲しんでいる人」です。悲しむというのはどういうことなのでしょうか。この世にはさまざまな悲しみがあります。悲しみに満ちています。出世しそこなった悲しみ、財産を失った悲しみ、愛を失った悲しみ、死に直面した悲しみ、自分の弱さや無能をなげく悲しみ、限りない悲しみのかずかずをわれわれは自分の生活の中だけにも数多く拾い出すことができます。けれどもどの悲しみを、悲しむがゆえにさいわいというるのでしょうか。心の貧しい者たちの悲しみとはいかなるものなのでしょう。

悲しみというとすぐ思い起こすパウロのことばがあります。

神のみこころに添《そ》うた悲しみは、悔いのない救《すくい》を得させる悔改めに導き、この世の悲しみは死をきたらせる。（第二コリント七・一〇）

パウロがここで明確に区別した「神のみ心に添うた悲しみ」とは何なのでしょうか。心の貧しい者の悲しみがそれだといえるでしょう。いうまでもなくすぐ気がつくのは、それが貧しいがゆえの悲しみであろうということです。心の貧しさは悲しむべきものです。神の前でこの悲しみを率直に、ありのままに悲しむのです。恥とみじめさの中で、正直に神の前に悲しむのです。われわれは悲しみの中でも傲慢《ごうまん》になるものです。ひねくれるものです。かたくなになるものです。心の貧しい者の悲しみは何か特別に高級なものというわけではありません。ただ彼は、人間であるがゆえの悲しみをすなおに神の前に悲しむことを知っているのです。旧約聖書の詩篇にはこんな美しいことばがあります。

あなたはわたしのさすらいを数えられました。
わたしの涙をあなたの皮袋にたくわえてください。（五六・八）

神を信じて生きる者は、この地上においてはかえってさすらいの悲しみをますかもしれません。しかしそのさすらいの歩みを神がたえずかぞえていてくださるのです。悲しみの涙をていねいにくみとってたくわえていてくださるのです。何のためにそのようなことをなさるのでしょうか。涙をよろこびにかえてくださるためにです。慰めをあたえてくださるためにです。

心の貧しい者の悲しみは、慰めによってささえられています。慰めは一時のもの、その場かぎりの気ばらしではないでしょう。聖書が慰めというときに使うギリシア語は広い意味を持っています。日本語の聖書でも、祈る・訴える・促す・励ます・勧めるというように、実に豊富な内容を持っています。ひとことでいえばこの慰めは弱々しくないということです。

前に引用したハイデルベルク信仰問答では、信仰の問題はこの慰めをうることにつきるかのように語られています。生きる時だけの慰めでなく、死ぬ時だけのものでなく、生死いずれの時にも励ましとなる慰めです。力ある慰めです。

信仰問答の答えはまたこう教えてくれます。われわれにとってそうした力ある慰めとは、われわれが身も心も全くキリストのものになりきることによって与えられるというのです。そして主キリストがわれわれの罪を償ってくださり、すべてをわれわれの祝福になるようにしてくださる。われわれの悲しみの根源である罪と死の支配から、すでにわれわれは救い出されているのだというのです。

神の国、神の支配、イエスにおいて具体的な事実となった神の恵みの支配が、悲しみをよろこびにかえる慰めなのです。だからこそわれわれは率直に神の前に悲しみつつ生きることができるのです。

7

「柔和な人たちは、さいわいである」とのことばを読むと、聖書をすこしでも知っている者ならすぐ思い起こすことばがあります。キリストが十字架の死を前にして群衆の歓呼の中をエルサレムにお入りになったとき、このエルサレム入城は旧約の預言者ゼカリヤのことばの実現にほかならないというのです。

シオンの娘よ、大いに喜べ、
エルサレムの娘よ、呼ばわれ。
見よ、あなたの王はあなたの所に来る。
彼は義なる者であって勝利を得、
柔和であって、ろばに乗る。（ゼカリヤ書九・九）

ユダヤの人々が自分たちをほんとうに生かしてくれる王として柔和な支配者を待ちのぞんだ心はよく理解できると思います。柔和の反対のことばは何でしょうか。旧約聖書によく出てくるものでは「かたくな」というのがあります。これも荒々しい、重い、きびしい、残酷な、というような意味で支配者についても用いられることがあるようです。残酷で、重苦しく、人を押し殺してしまうような支配者でなく、人の心をやさしく生かすような支配、それがキリストの支配なのです。「柔和な人たち」というのは、そのキリストの支配のもとにあって生きる人の心のことです。キリストの柔和によって支配される国にあって、柔和に生きる人の心なのです。

「かたくな」というのは支配者ばかりの問題ではありません。出エジプト記などでは、「これはかたくなな民」（三二・九）というような表現がよくなされます。まえの文語訳聖書では「うなじこわき民」などと訳されていました。首が固いのです。やわらかにうなずいて、よろこんで神の心をうけいれていくことができないのです。出エジプト記は、神にエジプトから助け出されながら、その神の恵みの支配にやわらかく応じていくことのできない人々のかたくなさの物語といってよいでしょう。山上の説教においても「柔和」というのは何よりもこの柔和を意味するでしょう。支配者の柔和さにこたえる支配される者の柔和さなのです。この神に対する柔和さを欠いて人に対する柔和な心もありえないのです。そこでこの「柔和」とは「心の貧しさ」のことだという意見も出てくるようになります。貧しさの次には悲しみではなく、この柔和がくるべきではなかったかとさえいうのです。

また、柔和ということばをきくと、やわらかな敏感な神経のゆきとどいた人の心を思います。敏感さにもいろいろあります。とげとげした神経、いらいらした心、すぐまいってしまう弱さ。けれどもキリストはもっとちがった、やわらかく、深い敏感さに生きた方でした。

また群衆が飼う者のない羊のように弱り果てて、倒れているのをごらんになって、彼らを深くあわれまれた。（マタイ九・三六）

やわらかく、敏感に人の悲しみを感じ、受けとめておられるのです。この柔和さは、ほんとうに悲しむ心にも通じるものがあるといえるだろうと思います。その主が言われました。

「収穫は多いが、働き人が少ない」（マタイ九・三七）

主の求めておられる働き人とは「柔和な」働き人にほかなりません。この世が示している悲惨を見られた主は、ご自分と同じ悲しみの心、柔和な心のままに、この世のために生きる働き人を求めておられるように思います。柔和な心の人はかえってはげしく、強く、柔和な心の動くままに生きることができるのです。主ご自身がそうでした。柔和に生きる主イエスが、その柔和さをうつして生きる働き人を求めておられるのです。この求めに答えて生きうる者はさいわいです。

なぜさいわいなのでしょう。主は「彼らは地を受けつぐからだ」と言われます。地とは何でしょうか。地とはこの地上です。この人間の世界です。それ以外に地とよばれるものはないでしょう。ただひとつ、この地とは、柔和な王としてイエスが歩まれたところ、十字架に至るまで柔和に生き、そしてよみがえってくださった地なのです。その霊の力をもっておおい、支配してくださる地なのです。地を受けつぐというのは、われわれ自身、この地において、ほんとうにこの地を自分のものとしながら生きることができるということでしょう。柔和に生きる者は、この地上における主イエスの柔和な支配に参与することができるのです。われわれ自身が、ひとりひとり小さな王者のように、堂々と生きていくことができるのです。そこにさいわいがあるのです。

8

「義に飢えかわいている人たちは、さいわいである」（マタイ五・六）

ある高校生の集まりでこの三節以下に出てくるさまざまなさいわいの姿について、どれでも自分の好むところをえらんで感想を書いてもらったことがあります。いちばん多くの人がえらんだのはだれでも推測できるように三節でした。こころの貧しさについてのことばです。その次が八節の心の清い人たちについてのことばです。ところがえらんだ人がいちばん少なかったのがこの六節なのです。あまりピンとこないのでしょう。切実な心で読めないのです。それが正直な姿だといっていいと思います。そこにこのことばの持っている意味もあると思います。

それはともかく、このことばのいちばんはじめの形では義ということばが抜けていたのかもしれないと言われます。また飢えかわくということばは、実にはげしい願望をあらわしたものだそうです。砂漠の旅をしていて飲食のかてを失ってしまい、緑のオアシスの幻ばかり見ながらあえいでいる。そうしたはげしい願いだと言います。自分の欠乏を深く知りながら、自分でそれをいやすこともできない心といえます。そんなことは実際に自分がのどが渇いたり、腹がすいたりした時のことを考えたらすぐわかるでしょう。

ただ肉体的なこととちがうことがひとつあります。肉体的に飢えかわけば食物をとり、飲物をのめばいいのです。けれどもわれわれの心が飢えかわくときはちがいます。先にも言ったように、あまりこのことばに心ひかれる人がないこともそのことを示すでしょう。自分が飢えかわいているのに、飢えかわいていることに気がついていず、自分の今の生活に満足していることが多いのです。いや自分の心は飢えているんだという人もあるかもしれません。何か不満がある。不足を感じる。しかし自分で自分が何に不足し、何を求めているのかわからない。先にも言ったように、いちばんはじめは「義」の字が抜けていたそうです。すくなくともルカによる福音書の方では、簡単に「いま飢えている人たち」とだけ書いてあります。その方が古い文章ではないかとも言われるのです。そうするとただ「飢えかわいている人たちは、さいわいである」という文章であったことになります。もしそのように義の文字を欠いた文章を読んだとしたら、われわれは何を感じとるでしょうか。ここに欠けているのは義という文字なのだということを、はたして知ることができたでしょうか。これが満たされれば、われわれも満ちたりると思っているでしょうか。われわれがほんとうに欲しているのはもうすこしちがうものだということになるのではないでしょうか。

同じ山上の説教の六章二四節には「あなたがたは、神と富とに兼ね仕えることはできない」という主イエスのことばがあります。またその三三節には「まず神の国と神の義とを求めなさい」とも言っておられます。これらはみな有名なことばですから、これまでにもお聞きになったことがあると思います。その時に正直に言ってどんな気持ちがしたでしょうか。表面ではそのとおりだと受けとっていても、心の中にはどこかすっきりしない感じでいることが多いのではないでしょうか。何か押しつけられるような感じがします。それでもお金は、富はたいせつじゃないか。そう言ってみたくなります。キリストはそれを見ぬいておられるのでしょう。それだからこそわれわれが、本心から義を欲することを求めておられるのです。キリストご自身がそのことをひたすら求めていてくださるといっていいと思います。

「義」とは何でしょうか。正義と言ってもいいでしょう。世の中に正義が行なわれるようになることを願う心の強い人も多いでしょう。けれども、ほんとうに正義を求めて生きることはたやすいことではありません。「正義派」ということばがあります。それはけっしてほめことばでなくむしろ軽蔑したことばです。それは正義派とよばれる人たちの心や態度には、かたくななところ、ゆうずうのきかないところがあることも確かですからしかたがないかもしれません。けれどもそればかりでなしに、正義などというものは世間で通用するものではない。学生時代などにはそういうことを一生懸命考えたりする。それはそれでいいかもしれない。しかし一度世の中に出るとそんなものじゃないということがわかる。ばか正直に正義だの何だの言っていたら生きていかれないじゃないか。そういう考え方をよくきかされます。それでも正義の語られるときはあります。けれどもそれは正義の名をもって人の不正をやっつけるのに便利な時です。人をさばく時です。そして自分はいろいろな理由をつけて正しく生きることをなまけます。われわれの正義はそんなふうに頼りないところがあります。

さてしかし主イエスが義と言われる時、それはそんなに頼りない義ではないでしょう。われわれの中における正義の頼りなさのゆえに、われわれがそれだけますます真実に力のある義を求めることを欲しておられるのでしょう。

預言者イザヤのことばにはこう言われます。

人はわたしについて言う、
「正義と力とは主にのみある」と。(イザヤ書四五・二四)

これは神のことばです。主イエスはこのイザヤのことばのとおりに、人が「正義と力とは主にのみある」というようになることを求めておられると言っていいでしょう。「まず神の国と神の義とを求めなさい」と言われるお心もそこにあります。正義を神の義として求めることです。もっとも神の義と言いますとき、それは、われわれの考えるような正しさの基準に従って神がふるまわれるというのではなさそうです。それではわれわれが正義についての正しい知識があり、正しい判断ができ、神はそれに従わなければならないということになってしまいます。神の義は、神が神らしく行動なさるということです。それはわれわれにはどうもぐあいがわるいというときもあるかもしれません。けれども神が神らしくふるまってくださる時、はじめて人間も人間としてまともにやっていけるのです。先の「まず神の国と神の義とを求めよ」につづいて、「そうすれば、これらのものは、すべて添えて与えられるであろう」と語られているのは、その意味だと思います。これらのものというのは、三一節の食べたり、飲んだり、着たりということでしょう。そういうことを無視しない。むしろ神が神らしくふるまってくださることを求める時は、われわれの人間の生活も、ほんとうに人間らしく生きていくことができるのです。先に神の国とか神の支配ということでお話ししたことを思い出されたかたもあると思います。そうです、神の義と神の支配とは、ほとんど同じようなことがらを表わすのだと言ってよいように思います。

主は、義を飢えかわき求める人は飽き足りるようになると言われます。これこそ主の確実な約束ということができます。だれも義を確保し、実現することができない中で、主はそのことを約束していてくださるのです。こういうところを読んでいると、すこしでも聖書に親しんでいる人ならすぐ思い起こすところがあるでしょう。有名なローマ人への手紙三章二一節以下です。パウロはそこでキリストによって示された救いとは、「神の義が現われた」ということだと言います。これはたいせつなことです。神の愛とか恵みというのではなく、神の義を実現しようとなさった、そしてわれわれが救われるということは、われわれがしあわせになるとか満足するとかいうことでなく、「義とされる」ことだというのです。つまり人間らしくふるまえるようになるのです。神と人間との間にそうした義、つまり正しいおつきあい、交わりが成り立つのです。キリストのなさったことはそこに集中するのです。山上の説教を語る主イエスは、すでにそのことを志して歩みはじめておられるのです。

このようなことを考えると「義に飢えかわいている人」とは、だれよりもイエスご自身のことではなかったのか、そんなふうにも思われます。主イエスとは、われわれ自身が気もついていないようなわれわれの弱さ、不幸を、心から苦しんでくださり、しかもそれをご自分で満たそうとしてくださったかただと思います。

9

「あわれみ深い人たちは、さいわいである」

先に述べた高校生の集まりの際に提出してもらった感想で、六節に次いで感想を書いた人が少なかったのはこの七節です。しかも書いた人たちはみな同じように当惑の心を語っています。

これはその方が正直なことだと言ってよいと思います。実際われわれはこの七節にぶつかると立ちどまってしまいます。そして当惑してしまいます。その当惑の心は、たとえばこんなことだと言ってもいいでしょう。

第一にわれわれは、こういうことばはもうよくわかっていると思っています。愛することの必要なことはどこででも語られるし、愛についてのことばはどこででも聞かれます。そのくせわれわれは愛の生活に、あわれみの心を持つということに、心をまひさせているところがあります。もっとちがった言い方をすれば、いろいろな愛がいろいろな言い方で語られる。しかも自分たちに愛なんてものはわかりきっていると思いこんでいる。そのためにかえって真実の愛がわからなくなったり、愛そのものについてにぶくなっているのではないでしょうか。

第二にわれわれは、あわれみを持って生きることについて絶望しています。まじめであればあるほど純粋な愛に生きえない自分を知ります。たとえば、愛には利己的な愛と利他的な愛とがあるなどという区別をよくいたします。自分の利益のために相手を利用するような愛と、献身的に相手につくしてあげるような愛です。どっちがほんとうの愛かいうまでもありません。しかもわれわれが本気で自分の愛のことを考えれば考えるほど、自分が完全にわれを忘れてひとを愛することなんかできないのがわかってきます。そこで愛なんてものは、もともと利己的なものなのさと、ひらき直ってしまうことさえ起こるのです。

第三にわれわれは、あわれみというものは、われわれが受けるものであって与えるものではないと思います。神があわれんでくださるというならいいのです。しかし、まるで神さまのようにわれわれ自身があわれみ深くなるということは、どういうことなのでしょう。いいかげんな慈善家にはなりたくありません。ひとをあわれんであげるなんてわたしのがらではないじゃないか、わたしがひとのことを心配してあげるなんて、自分は自分のこと、自分が神に愛され救われることでせいいっぱいなんだ、そんなふうに考えてしまいます。

こうしたことのどれかひとつに皆さんも思いあたるところがあると思います。

ところで、そのようなことを考えてみるために、思いきって同じ五章四三節以下をまなんでみようと思います。そこではまず「敵を愛し、迫害する者のために祈れ」とすすめられ、また四八節では「あなたがたの天の父が完全であられるように、あなたがたも完全な者となりなさい」ということばで結ばれています。敵を愛しなさいという教えは、あわれみ深い者はさいわいであるということばよりも、もっとわれわれを追いつめるようなひびきを持っています。そんなことはできはしない。そう言わずにおれなくなります。しかもそれに、神が完全であられるように完全になれとのことばがつづきます。本気で考えれば考えるほど当惑してしまいます。

ここでよく考えてみようと思います。完全とは何なのでしょうか。

たとえばわれわれが神のような存在になるということなのでしょうか。およそ宗教というものはそういうことだ、神のような人だと言われるほど完全無欠な人間になることだ、そのために自分の心をきよくしていくことなのだ、と考えることは、案外よくあることです。けれどもそれがどのような意味にせよ、神のようになりたいということを聞くとき、われわれがすぐに思い起こすのは創世記三章です。人間の罪の起源を語るそこでは、へびにさそわれた女が、神のようになるのだと言われて禁断の木の実を取って食べたところに罪が始まったと言います。このことだけ考えれば十分です。われわれに求められる完全とは、神と肩がならべられるようになるかということではないのです。それではもういちど罪を重ねることになります。案外このような罪を重ねる人は多いようです。自分が神のように生きることができれば、いや実際に神のように生きているから、神を拝むことなどはいらないというわけです。人間に対する最大の誘惑がここにあるといってもいいのです。

そうならば次に、これは神の完全さにみあう人間としての完全さのことだと考えてみます。人間の立場ははっきりと定まっている。神に対する人間の位置をはずすことはない。はずさないままに神に応じる完全さを持つということです。このような理解は正しいと言えます。

しかしそれは、もっと具体的に考えるとどういうことになるでしょうか。ルカによる福音書一八章九節以下を読んでみてください。ここにパリサイ人と取税人というのが出てきます。このふたつの人間のタイプはよく福音書の中に出てきます。どういう種類の人たちなのでしょうか。手がるにできるしらべ方をしてみましょう。ある事典にはこう書いてあります。

・**パリサイびと**〔前略〕その名称はヘブル語「ペルーシーム」より出、分離主義者の意味であるが、これは反対者からつけられたものらしい。その徹底した律法厳守が、一般人(これを彼らは「地の民」と呼んだ)より自らを区別させたのである。彼ら自らは「ハベーリーム」(仲間)と称した。〔中略〕パリサイびとの力は会堂にあり、これを中心に律法を研究し、民衆を教育し、更に異邦人にも伝道した。〔中略〕宗教に専《もっぱ》ら関心を持ち、これを国民生活の主座に置くことに努め、民衆の間に深い信望を得ていた。その中よりは幾多の大律法学者を出し、まじめで高潔な人士も少なくなかった。〔以下略〕

・**取税人**〔前略〕ローマ帝国時代においては、皇帝は各地方に1人の総督をおき税を取りたてさせたのであって、福音書にあらわれてくる取税人はユダヤの総督に雇われている事務官であった。しかしこの取税人たちは主な税金には関係しないのであって、そのような主な税金はユダヤの地方議会が総督と協力して集めた。新約聖書にあらわれる取税人は道路や橋の通過税をとりたてる関門を作ったり、市場に出される商品に税をかけたり、一つの町から他の町へ運ばれる品物や、日用品である塩などにも税を課した。これらの取税人たちはユダヤ人であって、しかも異邦人の政府につかえており、また民衆をできる限り搾取したので、人々により罪人、遊女、異邦人と一緒に考えられた。〔以下略〕

（日本基督教団出版部刊『聖書事典』）

これでだいたいのことがわかるだろうと思います。今われわれが開いているルカによる福音書一八章では、パリサイ人は「この取税人のような人間」でないことを神に感謝しています。まるでろくでなしの人間のようです。パリサイ人は自分たちを「まことのイスラエル」とよんだそうです。神にえらばれたユダヤ民族の伝統を、けんめいになって守ろうとしました。当時の人々の信望を得ていたといいます。そのような人にとって、民族の将来をふみにじっている ローマ帝国のために税金を取る仕事に従事する人たち、それに税を取られる重圧感の反発心も加わって、そういう人たちへの反感・軽蔑は強かったろうと思います。自分の民族をうらぎるばかりではありません。この民をえらばれた神にさえそむく者と考えたでしょう。同じルカによる福音書は、すぐ次の一九章で、ザアカイという名で知られる取税人のことを書いています。エリコに住む彼が、その町を通ろうとされるイエスを見たいと思ったが、群衆にさえぎられて見ることができなかったというのです。背が低かったからだそうです。しかし背が低かったら、ひとびとに頼んで前へ出してもらえばよいでしょう。ザアカイはそれができなかったのです。たとえ哀願してみても、はねつけられたでしょう。それほどにさげすまれ、憎まれていました。彼の方でも、そう扱われてもしかたがないほどの悪徳を重ねていたようです。けれどもイエスに会おうとして集まる群衆の背後で、服装だけはぜいたくな小男が、ウロウロしている光景を想像してごらんなさい。どんなにみじめな心であったでしょう。それだけに、同じ取税人仲間と食事さえ共にするというイエスを、ひとめ見たいとの願いはふかく、とうとうなりふりかまわず木にのぼってしまうのです。

そうした取税人が、完全な人間だというわけにはいかないことは明らかなようです。パリサイ人は逆です。取税人ばかりではありません。パリサイ人は律法を守る生活を満足にすることができない人々を「地の民」と呼んで差別したと言います。この「地の民」を、罪人ともよびました。罪人というのは、特に刑務所にいれられるような犯罪者には限らなかったのです。つまりパリサイ人の生活ができないような者はみな罪人だったのです。言いかえれば、パリサイ人こそ、神の完全に相応ずる完全な人間であったのです。

だがルカが語るところによれば、この完全さを誇るパリサイ人ではなく、最も不完全と考えられる取税人が義とされたと、主イエスは言われるのです。その意味はこうです。われわれが神の完全にみあう人間の完全ということを考えるとしても、それはパリサイ人のような完全とは、ちがうようだということです。パリサイ人の完全さを、主はすこしも認めておられないのです。それどころか、取税人こそ完全だと言っておられるようです。このイエスのことばと、山上の説教の完全をすすめることばとは、全く別のことを言っているのではないだろうと思います。

そこでもういちど山上の説教にもどって考えてみましょう。もともとこの五章四八節は独立のものではありませんでした。すぐまえの四七節は何を意味するのでしょうか。ここばかりではありません。イエスが山上の説教でたえず批判しておられるのはパリサイ人です。パリサイ人によって代表されている人間の罪です。パリサイ人はひたすらに律法を守り、信仰の生活を確保しようとしました。それだけに自分の仲間とのつながりは深かったでしょう。同志の間の交わりは深かったでしょう。主はそこをついて言われるのです。仲間だけが愛しあうというのなら、神を信じていない者だってしていることではないか、と。四六節でも同じです。取税人のことをあなたがたは軽蔑する。しかし取税人だって愛しあうことは知っている。愛してもらえば、愛をかえすことは知っている。あなたがたの愛とすこしもかわらないではないか。

わたくしの知るある牧師は、よくキリスト者がする兄弟姉妹というよび方をほとんど用いません。一般の社会と同じよび方でいいと言われるのです。もとより、キリスト者が互いに兄弟姉妹と呼びあうことは、皆さんが教会へ行くとすぐ気づかれる美しい習慣です。だがうっかりすると、そういうことの中で、パリサイ人と同じように、自分たちを他の人々と区別し、しかも自分たちだけがすぐれた人間であるかのような独善におちこむこともあるでしょう。キリスト者は、パリサイ人になりやすい危険や誘惑にいつもさらされています。

それならばどうしたらいいのでしょう。パリサイ人よりも、もっと広やかな心の持ち主になればよいのでしょうか。パリサイ人よりも、もっとえらい人間になりなさい、そのために修行をしなさいと言われるのでしょうか。そんなことがこのわたくしにできるでしょうか。

四五節はこう語ります。パリサイ人やキリスト者が、世の人をどのように区別し、差別をしようと、そのようなことにかかわりなしに、天の父はこれを愛する。悪い者と良い者との区別を無視されるわけではない。それどころか、われわれの知らない鋭さで正と不正を見ぬかれる。それにもかかわらずわれわれのような差別をなさらない。悪にもかかわらず、不正にもかかわらずこれを愛される。悪や不正を愛されるのではない。その悪のとりこになっている取税人や罪人を、こよなく愛されるのである。われわれが、そうした天の父の愛の体現者が、この山上の説教を語る主イエスにほかならないとさとるには、福音書のわずかな部分でも心をこめて読めば足りるでしょう。ヨハネによる福音書の有名な一句は、このことを語るものだと言えましょう。

神はそのひとり子を賜わったほどに、この世を愛して下さった。それは御子を信じる者がひとりも滅びないで、永遠の命を得るためである。神が御子を世につかわされたのは、世をさばくためではなく、御子によって、この世が救われるためである。

（三・一六、一七）

このような愛の中に神の完全が示されているのです。その神の完全さに応ずる人間の完全さとは何でしょうか。自分もまたこの神の完全な愛がなければ滅びるよりほかないということを、はっきり知ることではないでしょうか。主が「悪い者」とか「正しくない者」と言われる時、それは自分のことではないとだれがいえるでしょう。愛ひとつにすら完全に生きることができないのです。その自分を神が愛してくださる、その自分を生かすためにみ子を与えてくださる、自分を解放するために、み子の死とよみがえりによって悪をくだいてくださる、このことをかけひきなしに、完全にそのままに承認し、お受けする。ここに人間の完全が始まるように思います。敵をも愛するあわれみ深さも、こういう心になってはじめて生まれてくるもののように思います。

ある書物にこんな話が紹介されていました。

かつて英国で社会事業に献身的な働きをした、ジョセフィン・バトラーという婦人があった。この人がある婦人刑務所をおとずれたさい、ひとりのたいへん手に負えない女囚にぶつかった。ちょうどひとりの牧師がいろいろ話しかけてやったけれど、ののしられるばかりで、やむなくそこを去るところであった。この光景を見て、バトラーも一瞬たじろいだ。しかしバトラーは意を決して近づくと、何ごとも非難せず、そのみだれた枕をそっとなおしてやった。それからほんのわずかのやさしいことばをかけてやった。このものちこの女囚はバトラーのことばに耳を傾けるようになった。そして数日のちについに世を去った。だが彼女は信仰をもって、やすらかに死んだ。バトラーはのちにこう述べた。わたくしは、あの粗野な、野蛮な心に何を言っていいのかわからなかった。ただわたくしはキリストのことを考えた。キリストはこの女のためにも血を流されたのだということを思ったのだ。

この話は、「あわれみ深い人」の心とはどういうものかを、よく表わしています。自分の心が広く、あわれみぶかいのだ、だから人を愛するのだ、というような自信に生きる人たちのことなどではなさそうです。むしろ逆です。自分が人をあわれむことなどできないことだと知っています。たじろがずにおれないのです。しかしその自分がすでにキリストに愛されていることを知っています。弱さ・みじめさ・貧しさのゆえに、主のあわれみを受け、それによってのみ生きていることを知ります。そしてその主のあわれみが、自分だけのものではないこと、バトラーがしたように、すべての者の背後に、常にこのあわれみがそそがれていることを知ります。そのあわれみのゆえに、自分なりに、わずかなりとも愛の奉仕をせずにおれません。大げさなことは必要ないのです。バトラーがしたことも、ほんのちょっとしたことなのです。けれどもそれを神が用いてくださるのです。思いがけない実を結ぶことができるようにしてくださるのです。昔から多くの信仰者たちが経験してきたよろこびは、そのようなよろこびでしかありませんでした。

だいぶまわり道をしながら、「あわれみ深い人たち」のさいわいについて考えてきました。こう考えてきてみると、このような人たちが「あわれみを受ける」ということはどのようなことなのか、もう説明の必要もないだろうと思います。主のあわれみの中に全身を包まれるようにして立つ人の姿がここにあると言うよりほかありません。

10

「心の清い人たちは、さいわいである」

この八節のことばを読むとわれわれはどんなことを考えるでしょうか。心の汚れをぬぐい、これを清めることは、どの人間でも願うことでしょうし、たいていの宗教が約束することです。しかし、心が清いとはどういうことなのでしょうか。聖書はどう考えているのでしょうか。そのことをいっしょに考える助けにするために、ある注解書が教えてくれることを聞きましょう。そこではほぼこんなことが教えられます。

心の清さという時に、五章二八節以下が教えているような意味での、純潔ということだと考えることは差しつかえない。けれどもそればかりではない。清いということは、複雑あいまいでなく、単純率直ということである（六・二二、ローマ一二・八）。混濁していないで、はっきりしている（第二コリント一・一二、ピリピ一・一〇、二・一五）。この祝福のことばはこのように、人間の全存在にかかわりがあるのである。したがって純潔ということばかりでなく、金銭に対する態度においても純粋であること（六・二二）とか、真実に率直に語ること（五・三七、エペソ四・二九）などだと考えることもできる。すでに詩篇（二四・四、五一・一二、七三・一）などでも、「清い心」というのは、そのようなことを意味していた。またその旧約聖書においてすでに、これは外面的な儀式的な清さと対立する内面的な清さであった。このことは新約聖書（たとえばローマ二・二八以下、使徒行伝一五・九、テトス一・一五）や、イエスのことば（マタイ二三・二五、マルコ七・一五、二一以下）において、非常に鋭い対立となった。内的なものつまり心が悪ければ、外面的な清さは何の役にも立たない（二三・二五）。儀式的な清さが悪い心をよくすることは不可能である（マルコ七章）。これもやはり奇跡的なしかたで人間に与えられるものでしかない。不純であるということは、真理によって存在すること（ヨハネ三・二一、八・三七）には耐えられないのである。

なぜこのような紹介をしたかといいますと、こういうふうに聖書のあちらこちらをていねいにしらべてみることのたいせつなことを知っていただくためです。それに実に要領よく、われわれの考えるべきことを教えてくれています。ただ蛇足のようですが、もうすこし考えてみたいと思います。

たとえば、今紹介した文章のいちばんはじめに、清いということは単純率直ということだとし、その聖書の引用個所としてマタイによる福音書六章二二節が取りあげられています。そこを開いて読んでみましょう。ここでは清いということばではなく、「目が澄んでおれば」と書かれています。ここでいう目は、心のおもむくところを示します。文字どおり「心のまど」としての目です。澄んだ目とは何でしょうか。ひとつのものを、まっすぐに、しかもはっきり見ている目、焦点の定まった明るいまなざしです。何を見るというのでしょうか。ここでは、これに先だつ一九節以下では天の宝と地上の宝について語られています。これにつづく二四節以下では、神と富とにかね仕えることはできないと語られます。あるいはまた、澄んだ目に対する悪い目とは何かということを考えてみてもよいでしょう。目が悪いというのは病気にかかっているということだと説明する人もあるし、ふたつのものをいっぺんに見ようとする目だという人もあります。そうなれば目つきがおかしくなるのは当然でしょう。何をふたつともいっぺんに見るのでしょうか。神と富、天と地、神と神ならざるもの、このふたつを同時に見ようとすることです。われわれは神を見ようとします。けれども、神を見ながら同時に他をうかがってしまいます。神を信じて生きればいいと言われても、それだけでは頼りないように思います。神の方に手を伸ばしながら、一方では他をうかがう目をしてしまう。みんなが経験していることです。澄んだ目は、そういう中で、単純率直に神のみを見つめて生きる。そのような目によって、すべて明るくすこやかな生き方もできるというのです。

さてしかし、このようなことは、わたくしがくどくどお話ししなくてもすでによく知っておられたかもしれません。信仰の世界で心の清さというときに、それは道徳的に高潔であるとか、儀式的な清さを重んじるということでなく、率直でひたすらな神に対する信頼だというわけです。だが問題は、その次です。われわれはどうしたら、そのように澄んだまなざしを神にそそぐことができるかということです。神にだけ心をむけて生きるだけの清さがどうしたら確保できるかということです。神だけを見、神と共にだけ生きる平安な幸福を得ることができたら、どんなによいことでしょう。そこでこう考えることもできます。

われわれの苦しみ、不幸の理由は、自分を捨てることができないところにある。自分を捨てなければ神が与えてくださるさいわいを自分のものにすることなどは不可能である。自分自身と、自分がたいせつにしているものをすべて手ばなすように努力してみる。そしてそれがよくできればできるほど、神の祝福は豊かになる。心を集中し、他のものにはいっさい目を閉じてしまって、自分からも、他のいっさいからも、のがれたままでいよう。そうすれば神を見ることができるようになる。もっと祈ろう。修行をしよう。神を見ることができるにふさわしい清い心になろう。

このように考えることも自然なことかもしれません。しかし、実際にわれわれに何ができるのでしょう。自分でそんなことができるくらいなら、われわれはもっと苦しまなくてすむでしょう。できないからつらいのです。

われわれがこれまで考えてきたことをもういちど思い起こしてみましょう。主イエスがわれわれに教え示してくださった神は、そんなに冷酷な神なのでしょうか。われわれが傷だらけになって高い岩山をよじのぼるようにしてみもとに近づくのを、それは当然のことだ、それができないで不幸になるのもしかたがないと、見ておられるだけの神さまなのでしょうか。ここにこんな手紙があります。レーエというドイツの牧師の書いた、あるなやみを持っている婦人にあてたその手紙の一節だけを紹介します。

あなたは自分が悪魔に負けていると思っておられます。それほどあなたは苦しいのでしょう。しかしそれよりも、あなたは、自分自身のことばかり見て、十字架につけられたあの方を見ていないからいけないのです。あの方のうちにあっては、恵みとあわれみの潮が、わたくしたちに向かって、とうとう流れて来ているのです。こころみを受け、苦しめられるとき、自分や自分のみじめさを見ることをやめて、こう祈ったらよいのです。そうしたらどんなすばらしい慰めが与えられることでしょう。

あなたはすべての貧しい者、みじめな者の救いとなり、慰めとなってくださいました。ですからあなたはわたくしの救い、慰めでもいてくださいます。深く傷ついていてくださりながら、そのゆえに救いとなり、慰めとなっていてくださいます。あなたはすべての苦悩を取り去ることができるお方であり、重荷を負う者を招いてくださるのですから、わたくしもまいります。悪魔はそういう時にも例外をつくりたがっています。主よ、そんな例外をゆるさないでください。あなたはすべて悩める者よといって呼びかけてくださるのですから。わたくしがそれなのです！

レーエは更にこんなふうにもいいます。

わたくしはあなたの牧師などではありません。あなたの心のお世話なんかできません。けれどもキリスト・イエスにあるあなたの兄弟です。ですからあなたにこう言うことをゆるされています。いやこれは言わないわけにいきません。あなたが自分の罪の思い出や、自分の苦しみに固執することは、うそをつくことになります。不真実なことになります。真実なこととは、神がキリスト・イエスにおいて恵んでくださるということなのです。

これは忘れることのできない美しい信仰の手紙です。「心の清い者はさいわいである」ということばを、だれが語っていてくださるのかを忘れさえしなければいいのです。それを忘れると、このことばを聞いて、われわれは気負いたったり、元気をなくしたりするのです。心の清さは、その清さの幸福を、いや清さそのものを与えてくださるキリストを見つめることです。そしてわれわれも右の祈りを祈ってみることです。澄んだ目でキリストを見るのです。そういうよりも、にごった目でもかまわないから、キリストに目をそそぐときに、目そのものが澄んでくるのです。そこでわれわれは神を知るのです。神を見ることができるのです。

11

「平和をつくり出す人たちは、さいわいである」

神学校に在学していたころ「シャローム」ということばを得意になって言いかわしたことを思い出します。ヘブル語をならいはじめたばかりのことです。このヘブル語は「平和」という意味であること、ユダヤ人は日常のあいさつにこのことを言いかわすことを知ったからです。われわれ日本人がする「今日は」というわけのわからないあいさつよりよほどましでしょう。人間がだれでも心から願っているふかい願いを日常のあいさつとしてかわしあう習慣は、いつのころからであるのか知りませんが、美しいことだと思います。しかも聖書が平和ということ、それは、何の波風もたたない無風状態を意味するわけではないようです。昔から幸福とは何か、どうしたら幸福になれるかということを、多くの人が考えてきました。その中で、幸福とは心の平和、調和のとれた心の世界のことだとして、それを実際に求めてみた人たちがあります。その人たちは不安のない平和の世界を求めるには、結局は自分が周囲のさまざまなことに心を動かさないことだ、感情や情熱を押し殺すことだと考え、あげくの果てに、それを実現するには自分を殺すよりほかないと、自殺してしまったりしました。しかし聖書のいう平和はすこしちがうようです。むしろ生命の力がいきいきと動いている世界です。これまでにまなんだことばで言えば、神の国の姿にほかならないと言えるでしょう。
預言者イザヤが、自分の待ちのぞむ真実の王を「平和の君」とよんでいるのは、クリスマスによく読まれることばから、知っておられるでしょう（九・六）。また同じイザヤ書五二章七節以下にある有名な聖句を読んでみたいと思います。

よきおとずれを伝え、平和を告げ、
よきおとずれを伝え、救《すくい》を告げ、
シオンにむかって「あなたの神は王となられた」と言う者の足は山の上にあって、
なんと麗《うるわ》しいことだろう。
聞けよ、あなたの見張《みはり》びとは声をあげて、
共に喜び歌っている。
彼らは目と目と相合わせて、
主がシオンに帰られるのを見るからだ。
エルサレムの荒れすたれた所よ、

声を放って共に歌え。
主はその民を慰め、
エルサレムをあがなわれたからだ。

この壮大な、躍動するよろこびにあふれたことばは、全くみごとなものです。われわれが知っている平和は、このようなものだと、聖書そのものが胸をはって歌っているような感じがします。この平和の歌の中でくりかえし語られるのは、われわれの内面の調和などではなく、神の王としての勝利と支配です。そしてその神がもたらしてくださる慰め、解放をよろこぶのです。神が生きていてくださるという歓声だといっていいでしょう。パウロはこのイザヤの語る平和を告げる者こそ、福音を宣べ伝えるにほかならないといいます（ローマ一〇・一五）。パウロのこのようなことばを聞くと、またすぐ思い起こすことばがあります。コリント人への第二の手紙五章二〇節以下のことばです。

神がわたしたちをとおして勧めをなさるのであるから、わたしたちはキリストの使者なのである。そこで、キリストに代って願う、神の和解を受けなさい。神はわたしたちの罪のために、罪を知らないかたを罪とされた。それは、わたしたちが、彼にあって神の義となるためなのである。

「平和をつくり出す人」というのは、だれよりもまず、このパウロのような人のことではないでしょうか。イザヤがのぞみ見た平和が実現されたのは、主キリストにおいてでした。神が生きておられること、王として支配していてくださること、王としてわれわれに平和をもたらしてくださること、それがはっきりと歴史的な現実としてあきらかになったのは主イエスの死とよみがえりにほかなりません。内心の平和よりも何よりも、もっと根本的なことがらとして、このキリストを通じて神とわたくしとの間に平和がなり立つこと、「和解」がなり立つこと、これがたいせつなことだったのです。

そこでわれわれは他のひとに対しても、まずこの神との平和、神との和解をさし示すのです。このキリストのなさってくださったことを語るのです。これが、神とあたらしいきずなで結ばれ、「もはや僕《しもべ》ではなく、子である」（ガラテヤ四・七）とよばれる者たちのすがたです。

このように神とのきずなを、神の方から結び直してくださっていることを知る者は、もう自分で平和な生活を確保するためにいろいろな工夫をする必要はないのです。主との交わりに生きればいいのです。礼拝をし、祈りをする生活を、ゆるされるかぎりしていけばいいのです。ただし、そのようにして平和を生きることができる者は、そこにだけとどまっていません。現実に自分の生活の中で、どんなにささやかな努力にすぎなくても、平和をつくろうとします。和解をもたらそうとします。和解、それは、聖書のもうひとつのことばでいうなら、ゆるしです。神との和解、平和は、神のゆるしの恵みに始まりました。そこに根ざすわれわれのつくる平和も、このゆるしに根ざすものなのです。ここに現実的に平和のきずかれる道のひらかれていることを、われわれは、はっきり知っておきたいと思います。

12

「義のために迫害されて来た人たち」――前に紹介したある高校生の集まりで山上の説教についで感想を書いてもらったという時に、このことばについての感想は案外多く集まりました。ところが興味あることに、それらの感想は、このことばを読んで自分がどう考えるかとか、自分のどのような生き方がそこで反省させられるかということには、ほとんどふれないのです。そして、そのかわりに、自分が知っているすぐれた伝道者、苦労をつみかさねてはたらいた愛の事業家、日本のためにはたらいた宣教師、いずれも他人のこととして考えています。この聖書のことばも、主イエスの時代に至るまでの、迫害され苦労してきた預言者、信仰者たちのことだと解する人もあります。あるいはまたキリスト教のごく初期からあった殉教者たちや、それと同じような危険にさらされていたひとびとのことを考えながら読むようにも教えられます。しかし、すくなくともそれですむことでしょうか。

あなたがたはキリストのために、ただ彼を信じることだけではなく、彼のために苦しむことをも賜わっている。

このことばはピリピ人への手紙一章二九節のことばです。このことばをめぐって話しあいながら聖書研究をしたことがあります。

その時にもまず出てくる感想はこうです。こういうところを読むと、まだわれわれには苦しむという点で足りないところがある。信じるということは、これはわれわれでもしていることだ。しかし苦しむということになると、そこにわれわれの弱さがあるのではないか。パウロのように、キリストのために本気で苦労しつづけることのない自分たちの甘さを反省する必要がある。このようなことはだれでも感じるところでしょう。しかしわたくしは、ここでよく気をつけておかなければならないことがふたつあると思います。

第一、パウロがここで苦しむと言っているのは、自分が苦しんでいるということではありません。あなたがた、つまりピリピの教会の人たちのことです。三〇節では、あなたがたはわたしと同じ苦闘を今つづけているのだねとまで言っています。ピリピの人たちは身におぼえがないことかもしれません。パウロのようなすぐれた伝道者と同じ苦労をしているなどとは、とんでもないことだと思ったかもしれません。しかし、そうだからと言って、パウロが特におせじを言っているわけでもないでしょう。

第二、第一のことから押しすすめて考えると、苦しむということを何か特別のこと、特別な人だけが経験したり、そこへとびこんでいけるものと考えるのはまちがいではないかと思われます。パウロは、信じることと苦しむこととは同時に与えられると言っているのではないでしょうか。苦しみを伴わない信仰などというものはあり得ないということになりそうです。

山上の説教で今われわれがまなんでいる、迫害されるということも、この苦しむということと別のことではなさそうです、迫害するのはだれかというと、一一節では「人々」と言われています。世の人々というような意味でしょう。迫害は、信じる者が、信じる以上はこの世と対立しないわけにはいかないすがたを示すといってもいいでしょう。すでに貧しさということを考えたとき、神の前で真実に貧しい者であるがゆえに、この世においても実際に貧しい道を歩まなければならなかった人のことをまなびました。主イエスはこの貧しさ、つまり信仰そのものに生きる時には、われわれなりに迫害にさらされる道を考えておられるにちがいありません。何らかの意味で新しい労苦を加えることなくして信仰に生きる道はあり得ないのです。

ここにはたいせつな問題がある。どなたもそのことに気づかれるでしょう。そこでもうしばらく、新約聖書のあちらこちらを読んで考えてみたいと思います。

たとえばローマ人への手紙一二章一、二節は、キリスト者の生き方の根本原理を示すものとして、たびたび読むところです。特に次のようなことばがあります。

あなたがたのからだを、神に喜ばれる、生きた、聖なる供え物としてささげなさい。それが、あなたがたのなすべき霊的な礼拝である。あなたがたは、この世と妥協してはならない。

これはこの章の3というところで引用した、身も魂もキリストのものとなるという、ハイデルベルク信仰問答のことばが語っていることと同じでしょう。からだをささげるということは、キリストのものになりきるということなのです。ですから救われるということは、われわれの生活の主権がかわることだとも言います。つまり自分の心身の所有権をキリストにおゆずりするのです。貧しくなるということがすでにそうでした。そこに義とよばれる生活、慰めと励ましに満ちた生活、真にすこやかに生きうる生活をつくるのです。パウロはそれを「霊的な礼拝」とよびます。礼拝といっても教会が日曜にする礼拝のことだけではありません。神を拝んで生きる生活、神に仕えて生きぬく生活のことです。教会でする聖日礼拝はそういうわれわれの生活をささえる拠点です。われわれの全身で、毎日毎日の生活をもって神を賛美するのです。

だがパウロは、それを「霊的な」というふうによびます。ある外国語では、理性的なと訳してもあります。もとのギリシア語は「ロゴス的」「ロゴスにかなう」というような意味です。ロゴスというのは、聖書では「言《ことば》」と訳されています（ヨハネ一・一以下参照）。そしてパウロの時代には、神の持つ知恵、霊的な知恵というような意味を持つことばとして、キリスト教をとりまく神秘的な傾向のある宗教の中で用いられていました。そういう背景を持った用語をパウロはここで用いているのです。そこで「霊的」というように訳されるようにもなったのです。けれども、その時におぼえておきたいことは、神のことば、神のロゴスとはキリストのことだと聖書が言っていることです。ヨハネによる福音書一章一四節はこう語ります。

そして言は肉体となり、わたしたちのうちに宿った。わたしたちはその栄光を見た。それは父のひとり子としての栄光であって、めぐみとまこととに満ちていた。

このキリストにかなう生活こそ「霊的な生活」なのです。そしてまたロゴスということばには、すじみち、論理という意味もあります。右のヨハネのことばも「めぐみとまこととに満ちていた」と言います。ここに真理にかない、しかも恵みに満ちた生活があるのです。

だがそのような生活にはいるということは、「この世と妥協してはならない」ということでもあります。前に用いられていた聖書では「この世にならうな」と訳されていました。この「妥協する」ということは、形をひとつにするということ、すがたをひとしくするということです。いいかえれば、キリストのものとなり、キリストの真理のすじみちに生きるようになれば、その時われわれは、この世と生きる形・すがたを異《こと》にするということです。自分で気づかないとしても、罪のために、この世は神の真理のすじみちからそれているのです。「この曲《まが》った時代から救われよ」（使徒二・四〇）ということばからすれば、われわれの住む世界は「曲っている」のです。その曲っているところから、まっすぐな世界、まっすぐな生活の中に移されたことによって、この世と対立しないわけにはいきません。ヘブル人への手紙一一章一三節以下では、キリストを知る者のことを、天にふるさとを持ち、それゆえに、そのことのために、この地上では、「旅人であり寄留者であることを、みずからすすんで言いあらわした人々」とよんでいます。神を知らない間は、われわれは自分自身や、自分の周囲にあるさまざまなものに自分の生活のささえを見つけてきました。すくなくともそれでささえられて生きているつもりでした。けれどもわれわれが神を知るということは、そうしたものをすべて自分のささえとはせずに、神をささえにして生きるようになるということです。世を捨てるわけでないことは前にも言ったとおりです。むしろキリストを知る者こそ、この世の中で、もっとも人間らしく、神が造り、与えてくださったこの世の中のものを愛して生きていくのです。ただ残念なことに、キリストを知らないこの世とはかたちをちがえてしまいます。

しかもこの世とのこうした対立は静かなものではありません。その具体的なあらわれはさまざまです。しかし結局は迫害とよばれるにふさわしい対立です。少なくとも信じることは、この世においては損させられることなのです。この損するということをきらうために信仰の生活は中途半端になるのです。使徒行伝の五章四〇、四一節にはこんなことが書かれています。

使徒たちを呼び入れて、むち打ったのち、今後イエスの名によって語ることは相成らぬと言いわたして、ゆるしてやった。使徒たちは、御名のために恥を加えられるに足る者とされたことを喜びながら、議会から出てきた。

「恥を加えられる」ということはそんなに特別なことではないのです。キリストは、マルコによる福音書一三章一三節で「わたしの名のゆえに、すべての人に憎まれるであろう」と言われたとき、すでにこのことを見ぬき、悲しみつつも励ましていてくださるのだと言ってよいでしょう。キリストご自身が、そのように憎まれながら生きる道を、十字架に至るまでコツコツと歩きつづけられたのだということができると思います。

最後に、この聖句と、さいわいについての説教の勉強の両方にしめくくりをつける意味で、ペテロの第一の手紙二章一八節以下を読みましょう。ここには引用しませんから自分でひらいてみてください。この手紙の著者は、しもべの生き方をのべます。人に仕えるということはむずかしいことです。特に気むずかしい主人となるとたいへんです。自分の誠意が理解されずにかえって誤解されたり、かえって苦しめられたりします。これは昔のしもべのことだけではありません。キリスト教会では、よく奉仕ということが言われます。特に近ごろでは、この世に仕える教会とか、この世に仕えるキリスト者というようなことが、しきりに言われます。信仰を持つ人間はこの世にそっぽを向くのでなく、かえってこの世に対して積極的に奉仕していくのだというのです。そのとおりです。しかし奉仕するということはすぐに報いを受けることができるようなものではないのです。「善を行って苦しみを受け、しかもそれを耐え忍ぶ」のが、奉仕ということの真相のようです（二〇節）。よけいに悲壮な気持ちになる必要はありません。おおげさなことを考える必要もありません。先に、あの完全についての文章の中でもふれたように、兄弟にだけ、つまりすぐに報いてくれるような人にだけ愛のあいさつをするのでないとすれば、われわれのささやかな生活の中で、しばしば経験するようなことなのです。

なぜそんな生活をしなければいけないのでしょうか。「あなたがたは、実に、そうするようにと召されたのである」（二一節）。キリストご自身がそうした耐え忍ぶ奉仕に生きられた。しかもそれは、ほかでもない、われわれに仕えてくださったのです。その奉仕のゆえにわれわれはいやされたのです。「わたしたちが罪に死に、義に生きるために、十字架にかかって、わたしたちの罪をご自分の身に負われた。その傷によって、あなたがたは、いやされたのである」（二四節）。更にペテロはつづけます。「あなたがたは、羊のようにさ迷っていたが、今は、たましいの牧者であり監督であるかたのもとに、たち帰ったのである」(二五節)。
キリストはこのようにしてわれわれを生かしていてくださるのです。キリストに生かされ、その「み足の跡を」自分なりに、ささやかな足どりであっても「踏み従う」ときに、じっと見守っていてくださいます。その主が、われわれに言ってくださるのです。

義のために迫害されているあなたがたは、さいわいである。
天国はあなたがたのものである。

この主の慰めに満ちた励ましのことばを聞きとりつつ、貧しさに徹して生きること、それが「聖書のこころ」に生かされることだといってよいと思います。

第三章　聖書をめぐる対話

1

A　ここまでのわたくしの文章を読まれてどうですか。どう思われますか。

B　そうですね。スラスラと読んできてしまって、読んでいる間はわかるような気がするけれども、今になってみるとまだよくわかっていないような気がします。何だかまだピンとこない。その点がちょっともの足りない感じです。

A　それはわたくしの書き方が悪いせいもあるでしょうね。しかしそれはそうだとしても、あれだけではまだ取りあげられていないたいせつな問題がいくつかあります。それをこれからすこしばかりいっしょに考えてみましょう。それに、ピンとこないということも、ただこういう本を読んだだけでは、それがあたりまえかもしれませんね。

B　自分で聖書を実際に読んでみなければだめだということですね。それはそうなんですけれども、その自分で聖書を読むということがまたむずかしい。ボンヤリと何も問題を感じないまま読んでしまったりすることが多いんです。

A　そこでね、これからあなたといっしょに聖書をところどころひらきながら読んでみましょう。いっしょに読むと、すこしは何がたいせつか、どんな読み方をしたらよいかがわかるでしょう。そうしながら、のこるたいせつな問題を聖書そのものにまなんでみましょう。

2

A　それではまず、ルカによる福音書一〇章三〇節以下をあけてごらんなさい。

B　「善きサマリヤ人」のたとえのところですね。

A　このたとえ話はだれもよく知っている話です。小さい時から教会へ行っていた人なら何べんきいたかわからないくらいでしょう。この話は何を主題にしていますか。

B　隣人愛！

A　そうです、そのとおり。しかし隣人愛とは何ですか。隣人愛がどういうものだと、ここでは言われているのでしょうか。

B　そう言われるとすこし困ります。隣り人を愛するということをわかりやすくたとえ話にしていてくださるわけだけれど、そうくわしく聞かれると困ってしまいます。

A　そこでね、こういう有名な話の意味なんかよくわかっているときめてしまわないで、もう一度読みなおすといいのです。かえってこういうところで、聖書のこころを読みとるくふうをしてみたらいいのです。

まず、簡単な注解書でいいから、出てくることばですこしわからないと思ったら、皆しらべてみます。わからないことばがあったらとり出してごらんなさい。

B　祭司・レビ人・サマリヤ人・デナリ。

A　そういうことばをいちおうしらべてみたら、もうひとつ考えておくことがあります。それは、この話を主イエスがなさったのは何のためかということです。ただ何となしに、隣り人を愛することをすすめられたのではないのでしょう。この話がなされた事情があるわけです。

B　二五節以下の律法学者との問答がありますね。そのことですか。

A　そうです。特に二九節です。この二九節で特に興味をひくことがありますか。

B　律法学者が「自分の立場を弁護しようと思って」、「わたしの隣り人とはだれのことですか」と聞いていることです。自分の立場を弁護するというのは、どういうことでしょうか。キリストにほめられるような正しい答えをしておりながら、弁護しないわけにはいかない弱味があるのですね。

A　そうです。そこに気がついたことはいい。そういうことがたいせつなのです。どうして律法学者はそんないいわけをしたのでしょうね。

B　隣り人を愛していないという自分のほんとうの姿を、主イエスに見ぬかれているように思ったのではないでしょうか。この本の第二章、「あわれみ深い人たち」というところで取りあげられたパリサイ人のことを思い出します。「わたしの隣り人とはだれのことですか」と聞いたのは、わたしの隣り人として愛することができる人とできない人とがあるのではないかというような気持ちでしょう。

A　わたくしもそう思います。われわれ自身がそうですからね。

もともと聖書は人類愛などということばはすこしも使わずに、隣人愛といいます。それは、われわれの愛がほんものならば、それはいつでも自分にもっとも身近な人――隣り人というのは、何も隣家の人ということでなく、自分が今手を伸ばせばふれられる身近な人という意味でしょう――に対するものであるはずだということだと思います。人類などという抽象的な、ばくぜんとしたものではない。愛はいつでも、具体的にこのひとりの人を愛するかどうかということでしょう。隣り人は自分の両親、兄弟などでもあるわけです。そういう家族との生活や、友人との生活を考えてみても、われわれはいつでも、自分が愛してあげることのできる人とできない人とを区別してしまう。パリサイ人は、自分の仲間だけを同志として愛しあっていたのだということもすでにまなんだことです。

そういうことは第二章で考えたからそのくらいにして、とにかくそういう問いに対して主がひとつのたとえ話で答えられたわけです。つまり、こういう問いに対する答えを、このたとえ話の中で、どのようにしておられるのかを読みとること、これが、このたとえ話を理解するひとつの鍵なのです。話の筋書きは読めばわかることです。結論的に言ってどうでしょう。何と答えておられますか。

B　それがすこしおかしな気がするんです。そういうふうに考えながら読んでいくと、律法学者の問いと主イエスの答えとがくいちがっているのです。

A　どうくいちがうのですか。

B　律法学者は、自分にとってだれが隣り人かということを考えています。ちょうど自分がまんなかにいて、そのまわりに何人かの人たちがいる。そのうちのだれが自分の隣り人として愛されるにふさわしいかとたずねているようです。ところがイエスのお答えになったことは、自分にとってだれが隣り人かということでなく、それとは逆のことらしい。強盗に襲われた人が山道にほうり出されている。この人にとっては、自分を助けてくれる人、つまり隣り人が必要なわけです。その隣り人になってあげることができたのは、祭司・レビ人・サマリヤ人のうちのだれかということを、主イエスは問うておられるように思います。

A　それはすこしもおかしいことじゃない。主が教えてくださるのは、われわれが隣り人を愛するという時に、そういう点で大きなくいちがいがあるのではないかということでしょう。強盗に襲われた旅人はユダヤ人でしょう。何も書いてないけれども当然そのように思われます。祭司やレビ人の仲間です。サマリヤ人は敵といってもいいほど憎みあっているものです。かつては同じ仲間であっただけに対立する心は強かったかもしれないのです。そういうことからすると、律法学者ふうに考えるならば、旅人と祭司とは隣り人であり、旅人とサマリヤ人はそうではないということになります。しかし実際はそんなことは問題にならない。現実にここに愛の奉仕を必要とする人がある。それもほんとうをいうと、そんなに大げさなことではない。すくなくともサマリヤ人は、ゆきずりの者として、当然なことをしたにすぎないと思っているでしょうね。そういうささやかな愛を今必要としている人にしてあげるということ、そういう姿で、隣り人が必要な人に、隣り人になってあげるということ、このことを主は求めておられるのです。

Ｂ　そうか、律法学者の問いそのものがまちがっているんですね。そのことはわかりました。そういうところを読みとることがたいせつなのですね。キリストというかたの持っておられる新しさを、そうやって読みとっていかなければならないということはわかりました。ただこういうところを読むとすぐまた問題が起こるのです。つまり、愛とはこういうものだということはわかる。しかしそれにしても、そういう隣人愛に自分自身がどうしたら生きられるか。

Ａ　そこが次の問題でしょうね。そういうことを、もうすこし別の観点から、次に考えてみましょう。ただここでひとつだけつけ加えたいことがある。これまでにくりかえして言ってきたことだけれども、主イエスというかたは、これこれの生き方をしなさいと言われるときに、無責任な言い方はけっしてなさらないということです。われわれは自分がすこしもそんな生き方はしていないのに、他人に、あなたはこうしなければいけないなどといいますけれども、主はちがう。ある人が、「善きサマリヤ人」とはほかならない主ご自身のことだと言っています。聞くべきことばですね。

Ｂ　福音書の中に出てくる、なやみある人々の中に立つ主、「柔和な人たち」というところで考えたキリストの柔和ということを思いうかべればいいのですね。

3

A　さてそこで次の問題ですが、それはさきほど取りあげかけたこと、つまり、愛なら愛についての聖書の教えを読むとなるほどと思う、しかしそれならば自分がそういう生活ができるかということになると、どうも心もとない気持ちになってしまう、どうしたらいいだろうか、そういう問題です。聖書に関する文章や、聖書そのものを読んでも、ピンとこないというようなときに、案外このことが原因になっていると思います。聖書のことばが、自分の生活の中でどのように現実化するかということだと言ってもよいのです。このことのためにはかなり多くのことを考えなければならないのです。そこで、これも有名な聖書の個所をめぐって考えてみましょう。コリント人への第一の手紙一三章です。

B　「愛の賛歌」と言われるパウロのことばですね。あそこはいいですね。

A　いいところというのはどういう意味？

B　そうひらき直ってきかれるとすこし困ります。調子の高い、美しい文章だし、読んでいて気持ちがいい。

A　もうひとつ意地わるくきくと、どうして読んでいて気持ちがいいのかな？
B　それは「愛の賛歌」だからです。
A　そこです。そこから問題が始まる。人間というのは、「愛」ということばがすきだ。映画の題名や小説の題名にも愛の文字がたくさん出てくる。その方が人の心をひきつけるからです。けれどもわれわれ自身が現実に愛に生きているかどうかは疑わしい。それだからこそ愛の物語に心がひかれるのでしょう。しかし聖書はそうはいかない。
B　愛し得ないというところにとどまってはいられないのですね。
A　そうです。たとえばこの四節以下です。ここの「愛」ということばの代わりに、「わたくし」とか、「わたくしの愛」とかいうことばをあてはめてみるのです。まじめな人間であればあるほど、聖書のことばとは逆に言わざるを得ない。そうでしょう。寛容でもなければ、情け深くもない。ねたんでばかりいる。高ぶり、誇っている。不作法で、自分の利益のみを求め、いらだっている。――こういうふうに言っていくよりほかはありません。
B　そのようにして自分の貧しさに気がつくということのために聖書を読むのではありませんか。
A　確かにそうも言える。けれどもそこに終わるのだろうか。わたくしはどうもそう思えない。もし自分の愛の現実がみじめだということだけなら、この愛の賛歌は、どういう心で歌ったらいいのか、ということになりましょう。

B　ということは、われわれ自身が、現実に愛の中に生きていなければ、ほんとうには賛歌はうたえないということなのですか。

A　そうです。わたくしがそういう時にいつでも思い起こすのは、マルコによる福音書一〇章一七節以下の「富める青年」の話です。

B　いましめをすべてきちんと守りながら、永遠の生命が得られないで主イエスをたずねる、そうするとイエスは、「あなたに足りないことが一つある」とおっしゃって、自分の財産をみんな貧しい者に与えて、主に従うことを求められる、ところがそれができない、金持ちだったためにそれができないで帰ってしまった、という人の話ですね。

A　正直なところ、あなたはああいうところを読んでどう思いますか。

B　あの二一節で「イエスは彼に目をとめ、いつくしんで言われた」というところからするとこの青年はずいぶん誠実に道を求めていたと思うのです。その青年に対するイエスの要求は、ちょっとひどすぎるように思います。無理なことです。この青年の方に同情したくなります。

A　同情したいということは、あなた自身も、信仰にはいるということがこういうことだとすれば、信仰なんか持てないということですか。

Ｂ　そうです。

Ａ　あなたのそういう気持ちはわたくしにもわかります。

Ｂ　自分の財産を少しも貧しい人々に施していないのに、キリストに従う信仰者になっているつもりの人々ばかりのような気がします。

Ａ　そうです。よく若い求道者などにこの個所を読んできかせて、決心をうながすことがありますね。わたくしはそういうふうにここを用いてよいか疑問に思うのです。もちろん決心することはたいせつです。しかし、それはわれわれにできもしないことを無理に要求することとはすこしちがうのではないか……できないことをやれと言えば、そういうことをすこしも実行しないで信者になったつもりの人がたくさんいるのではないかということになるのは当然です。ここでもコリント人への第一の手紙一三章と同じことになります。聖書はわれわれにできないことを要求すると考えることは、どこかに誤りがあるのではないでしょうか。それでなければ聖書を読むよろこびなどはあり得ないでしょう。

Ｂ　そうなんです。自分をごまかすか、ごまかさないで苦しみつづけるかです。どちらにせよ、聖書なんか読まない方が気が楽でいい。

A　そうなってしまうのは聖書が悪いのではない。読み方が悪いのです。読み方を変えた方がいいのです。聖書は、われわれが、決断力に富み、どんなことにもゆるがない、偉大なる人格者になることを要求しているのではない。「貧しい人たち」ということで考えたことを思い出してください。

B　わかるような気がするけれども、今の場合にどういうことに気がつけばいいのですか。

A　それをこの両方の個所からまなんでみましょう。

4

A　どちらから考えてもいいのですが、マルコによる福音書から取りあげましょうか。この物語もここで終わるのではない。あとにつづく二三節以下が重要です。そこでは何が語られていますか。

B　まず財産のある者が神の国にはいるのはらくだが針の穴を通るよりむずかしいということ。

A　それはとてもむずかしいけれども、やればできるのだということでしょうか。

B　らくだが針の穴を通ることなどは、全く不可能なことです。それ以上にむずかしいとなると……

A　そうでしょう。これは不可能ということですね。われわれの中でよほど決断力に富んだごく少数の人だけ神の国にはいることができるということなどではないのです。二六節の弟子の問いも、そんなことならだれも救われないではないかという心の表われだといえます。

B　二七節のイエスのなさった答えも人間には不可能だとはっきり言っておられますね。そして「人にはできないが、神にはできる」と言われます。それはどういうことですか。

A　青年は小さい時からいましめをひとつひとつ守ってきました。刻苦して石をつみあげるように守ってきました。それがもうすぐ天にまで達する。あともう一歩の力が足りなかった。それですべての努力が水泡に帰した。そういうことではないということです。青年に求められたのは、そういう自分の努力をいっさい捨てることです。おそらく彼の生活、彼の心をささえていたのは、自分の財産ばかりではない。小さい時から築きあげてきた厳格な生活と、それによって多くの人から尊敬されているにちがいない、名誉ある立場、地位というものがあったと思うのです。イエスにお従いするということはそういうことを皆捨てることだったのです。根本から変わらなければならないわけです。

どう変わるかといえば、自分には何もできない。しかし神にはなんでもできるということを認めることです。

B　そうか。「心の貧しい人たち」のひとりになるのですね。

A　そうです。神にしか期待しない、神によって生かされることしか求めない者になるということなのです。財産を捨てること、主イエスに従うこと、それは自分ですることのできないことです。そのことからしてすでに神にしていただかなければならない。神に対する真実の信仰そのものが、神から与えられるものなのだということです。

B　愛についても同じことだというのですか。

A　そういっていいと思います。コリント人への第一の手紙にもどりましょう。ここでまず見のがしてはならないことは、この章を単独で読んでは意味がわからなくなるということです。

B　これまでにもくりかえし言われてきたように、前後のつながりがたいせつだということですか。

A　そうです。もともとこの手紙全体を読めばわかるように、この手紙のあて先になっているコリントの教会は、模範的な愛の共同体をつくっているわけではなかった。むしろ逆です。すぐに党派をつくってしまう。争いは絶えない。何よりもパウロとの間がうまくいっていない。

不品行はくりかえされる。当時の諸教会の中でも最も乱れた教会のようです。

Ｂ　そういう教会に対して愛の理想をうたいあげて聞かせたわけですか。

Ａ　それはそう言ってもいい。しかし夢のような愛の世界をうたっているのではないのです。さきほどから言っているようにきわめて現実的なことです。

そこで次に考えたらよいことは、この一三章の前後に何が語られているかということです。

Ｂ　一二章から一四章にかけて、特に「霊の賜物」について書いているその一部分が一三章です。

Ａ　そうです。やはりこの手紙全体が、常に御霊について論じているので、「霊の手紙」と言ってもいいと思っていますが、特に一二章以下はすばらしく豊かな、そして現実的な教えです。一三章にしても、一節から読まないで、その前の一二章三一節から読むことが、むしろ当然です。「更に大いなる賜物」として愛を求めようという呼びかけですね。愛とよばれているものは、これは賜物としての愛なのです。このわかりきったことがよくわかっていないところに、われわれの現実の姿があるように思います。

Ｂ　そうですか、それはどういうことですか。まだよくわからないのですが……

Ａ　たとえばね、信じることができない、愛することができない、ということだけがわれわれの現実の姿だったら、われわれにとって信仰の喜び、パウロがピリピ人への手紙で言っているような喜びなどはないでしょう。そのような喜びにあふれるような信仰の現実ではなくて、どこかむなしい感じでしか自分の信仰を受けとることができないとすれば、それはおかしいと思います。貧しさということで話したことでも、われわれが貧しさの中にとどまっていては無意味です。

悲しんでいるようであるが、常に喜んでおり、貧しいようであるが、多くの人を富ませ、何も持たないようであるが、すべての物を持っている。――これはコリント人への第二の手紙六章一〇節のパウロのことばですが、こういう豊かさというのが、最後にわれわれの手の中にのこり、現実にたしかめることができる信仰の姿ではないかと思うのです。

なぜそのようなことにならないのか。それはわれわれが霊の賜物を求めないからです。信仰の現実は神が与えてくださることです。神が与えてくださる最も現実的なことがらなのです。聖書を読んでいてピンとこないということは、この点に関係することだと思います。

B　そうなんです。聖書の言うことはいちおうなっとくする。けれどもそれがどうしても自分の現実にならない。さっきもそのことを言われましたね。しかし、現実にならなければいけないんだと言われてもどうしていいのかわからない。

Ａ　何だか話が堂々めぐりしているようだな。

Ｂ　いや、もうすこし聞いてください。たとえば、この本の第一章や第二章に書かれていることでもいちおうわかるのです。ことばのすじみちは追えるのです。ただいつでもキリストが出てくるでしょう。そのこともよくわかる。キリストがすべて解決してくださるのでしょう。しかしそのキリストとわたくしとどういう関係にあるかということになると、頼りない気持になってしまいます。キリスト教の入門書などを読んでいるとよくこんなことが書いてあります。人生のいろいろな問題、人を愛することができないこと、孤独であること、劣等感のなやみ、たくさん論じている。読んでいてとても共鳴する。ところが問題の解決ということになると、やっぱり、キリストと出会うことが根本的な解決になってしまう。それじゃそのキリストとお会いするのに、どこへ行ってどのようにすればいいかということは、案外教えられないように思う。こういう不満があるのですがどうでしょう。ここのところがはっきりしないと、聖書を読むよろこびなんてありようがないと思うのです。

Ａ　そこですよ。わたくしが今までくりかえしてきたことも結局はそういうことなのです。そのことをすこし整理して考えてみたかったのです。

Ｂ　わかってきました。お話をつづけてください。

5

A　今あなたが言われたことに関連して言えば、パウロが愛というときに、それをキリストとのつながりで言っていることは言うまでもないことです。パウロだけではない。愛の手紙と言われるヨハネの第一の手紙の次のことばは読んだことがあるでしょう。

神はそのひとり子を世につかわし、彼によってわたしたちを生きるようにして下さった。それによって、わたしたちに対する神の愛が明らかにされたのである。わたしたちが神を愛したのではなく、神がわたしたちを愛して下さって、わたしたちの罪のためにあがないの供え物として、御子をおつかわしになった。ここに愛がある。愛する者たちよ。神がこのようにわたしたちを愛して下さったのであるから、わたしたちも互に愛し合うべきである。（四・九―一一）

ここに愛がある――このずしりと手ごたえのあることば、このことばをずばりと言えるようになるということが、信仰を持つということでしょう。パウロも同じことです。いつでもキリストとひとつになって生き、ここに愛がある、この愛の中に自分も生かされている、と言いきることができる人です。愛の賛歌はキリスト賛歌でもあるわけです。しかもそれはパウロだけのものではないのです。だれにとっても現実になりうるものなのです。

ところでコリント人への第一の手紙の一二章のはじめで霊の賜物について語りはじめたときに、まず知るべきことはこのことだと言って、こう書いています。

聖霊によらなければ、だれも「イエスは主である」と言うことができない。（三節）

B　キリストを知るには聖霊によらなければならないということですね。そうなるとまたよくわからなくなるのです。聖霊を受けるとか霊の賜物を与えられるということは実際はどういうことなのでしょう。聖霊を受けるとどんな感じがするのですか。

A　どんな感じ？

B　ええ、実際そうじゃないんですか。聖霊というのは、自分が経験することができる力なのでしょう。

Ａ　それはそうです。神秘的と言ってもいい経験でしょう。しかし誤解してはいけないことがいくつかあると思います。わたくしも、特に現在の教会は聖霊の神をどのように理解しているかあいまいだと思います。正しい、すぐれた信仰は聖霊による信仰であるのですから、聖霊についての理解もはっきりさせないといけないのです。

Ｂ　むしろ聖霊について語るのを避けたり軽蔑したりしていますね。

Ａ　それには理由もあるのです。一方では聖霊についてばかり語り、熱狂的になったり、興奮状態になると聖霊を受けたと言ってよろこぶ人たちがあります。パウロがコリントに手紙を書いたひとつの理由は、そういう誤った聖霊の理解をしりぞけようとしたことにあります。聖霊を重んじるということは病的になりやすいのです。さっきあなたが言われたように、感じることにばかり心をつかうと……

Ｂ　感覚的になりやすいのですね。しかしそういう危険はわかりながら、どうしても疑問がのこります。

たとえば、聖書を読む時に祈りがなければ聖書はわからないと書いておられましたね。それは聖書の理解を求める祈りをすることでしょう。

Ａ　そうです。詩篇一一九篇にこんなことばがあります。

み言葉が開けると光を放って、
無学な者に知恵を与えます。（一一九・一三〇）

み言葉の方から扉をひらき、光を放つことがないと、無学な者が聖書を理解することなどはできないのです。そのみ言葉が開けるということは聖霊の働きといってもいいでしょう。

B　そこでその祈りということでも、だれかが「われわれは神経で祈るわけではない」と書いていました。それもわかるのです。しかしそれでは現実的な信仰とは何かということがわからなくなるのです。

A　まず言えることは、そのような経験ということも否定することはもちろんできないということです。われわれがキリストを知るということは、理性的に理解するということだけでも、意志のしっかりした決心をするということだけでもない。やはり自分の全身をもって味わいうる感動的なものでしょう。

ただそれは必ずしも突発的な大事件が起るということではないでしょう。トゥルナイゼンという人は、そういうことはむしろ例外的なことだ、われわれの心が向きをかえて神のところへ帰っていくのは、大病が日ごとにすこしずつなおっていくのに似ている、一日の経過は目に見えないくらいだし、からだにそれと感じるものではない、長い期間をへていやされていく、それと同じだと言っています。わたくしもこんなことを感じます。自分がなやんだり、あせったり、もがいたりして生きていく。そしてふと立ちどまってこれまでの自分の人生をふりかえってみる。そうすると思いがけないことに、そういう自分勝手に生きてきた人生のあちこちに、いやその全部を貫いて、神が共に生きて、これを守り、導いてくださったのだなあという静かな感動を感じることがあるのです。信仰というのは、そういう静かな感動だと思うのです。

第二は、やはり聖書ですよ。祈りは神と対話することだといいます。自分のひとりごとではないわけです。しかし、わたくしと対話する神の声はどんなふうにして聞こえるのでしょう。「十戒」という映画を見に行った人が、モーセに話しかける神の声を聞いて、「神さまの声は、やはり男の声ですね」と報告してくれましたが、まさかあなたが祈るとそういう男の声がどこからか聞こえてくるというのではないでしょう。聖書のことばをなっとくするということでしかないでしょう。今までどうもピンとこなかった聖書のことばが、心にびんびんと響いてくるようになる。よろこばしい力をもったことばになる。自分の生活の上で、聖書のことばに導かれてひとつの決心をしないわけにいかなくなる。そういうことだと思うのです。聖霊と聖書とは分離するわけにいかないのです。

第三は、特にこのコリント人への第一の手紙でたいせつなことです。それは、この一二章から一四章までの霊の賜物についての文章が、一貫して言おうとしていることです。霊の賜物の正しいすがたは何かということ、それは何によって定まるかということです。

B　教会ということに関係があると思います。一二章ではひとつのからだである教会を一致協力してつくるすがた、一四章では、礼拝と言っていいかどうかわかりませんが、とにかく集会を秩序正しく行なっていくということが語られています。特に「教会の徳を高めるために」ということばが目につきます。

A　そうですね。「霊の賜物を熱心に求めている以上は、教会の徳を高めるために、それを豊かにいただくように励むがよい」という一二節はそれを最もよく言い表わしています。この教会の徳を高めるというのはどういうことか聞いたことがありますか。

B　あります。徳を高めると訳してあることばは、家を建てるという意味のことばだと聞きました。教会を建てる、教会をほんとうの教会とするということなのですね。徳を高めるというのは、われわれ若い者などには、ちょっとわかりにくいです。

A　徳を高めるというのもよいことばですが、誤解される面もありますね。教会を建てるといっても、単純に道徳的な水準を高めることなどではない。たとえば一四章二四節以下では、もし正しい集会が行なわれていて、そこに不信者か初心者がはいってきたら、「まことに、神があなたがたのうちにいます」と言って、神を拝まずにおられないだろうと言っています。こういうところからすぐマタイによる福音書一八章の有名なことばを思い出すでしょう。さがしてごらんなさい。

B　ええと、二〇節です。「ふたりまたは三人が、わたしの名によって集まっている所には、わたしもその中にいるのである」。

そうするとこういうことですか。教会は神のおられるところ、キリストのおられるところである。聖霊を受けるというのは、マタイに従って言えば、キリストの名によって集まり、キリストがともにいてくださるところ、つまり教会をつくることだ。

A　そう、またこうも言えるでしょう。聖霊を受け、キリストと会い、キリストと共に生きるには教会へ行かなければだめだ。

教会についてくわしく書いているエペソ人への手紙が、教会を「キリストのからだ」とよんでいることもその意味でしょう。二章にこう書かれています。

あなたがたは、使徒たちや預言者たちという土台の上に建てられたものであって、キリスト・イエスご自身が隅のかしら石である。このキリストにあって、建物全体が組み合わされ、主にある聖なる宮に成長し、そしてあなたがたも、主にあって共に建てられて、霊なる神のすまいとなるのである。（二〇―二二節）

B　すこし説明してくださらないとわかりにくい表現です。

A　そうかな。いやそうかもしれない。しかしみんなこれまで考えてきたことを、エペソ人への手紙らしく言い表わしているだけですから、よく味わいながら読んでください。ただ、今われわれが考えていることのしめくくりに、このパウロのことばからひとつだけ取り出しておきたいものがあるのです。それは「使徒たちや預言者たちという土台」とは何かということです。

B　使徒たちや預言者たちの功績で教会ができたということではないですね。そういうことからいえば、キリスト・イエスご自身が、自分を捨ててわれわれを聖なる宮にしていてくださることで十分ですからね。使徒たちや預言者たちの働きは、そのキリストがどういうかたかをわれわれに教えてくれたところにあるのではありませんか。

A　そうです。そのために彼らがわれわれにのこしてくれたものがあるのです。

B　聖書ですか。

A　そうです。聖書が土台になって教会が成長する。神が現実に住んでくださる宮になるのです。教会の建物ではないのですよ。

B　キリスト教の教会はどこに神さまがまつってあるかわからないって友人から言われることがありますが……

A　そういう点では他の宗教とまるでちがいますね。建物そのものは特別に神聖なものでも何でもない。聖書を土台にしてわれわれが集まるとき、そのわれわれが神の宮になるわけです。聖霊を受けること、教会を建てること、聖書を土台にして生きること、この三つが互いにいりくんだ関係を持っていながらひとつになっていること、これだけのことがはっきりしてきましたね。キリストを知る、信仰が現実的になる、ということもここに結びついていますね。

B　だいたいわかってきました。そうするとこの本の第一章で聖書を読むためには教会へ行ったらよいと言われていたのも、単純に読む仲間がいた方がいいという理由だけではないのですね。

A　そうです。その点であのような言い方はまだ不十分でした。聖書はひとりで読んでいては正しく理解できないのです。教会へ行って、教会が聖書にもとづいて生き、語るのに、自分も加わっていかなければ、聖書を現実的に読むことはできないのです。自分勝手な読み方をして楽しむことはできるかもしれません。しかし聖書だけが与えてくれる真実のよろこびにふれることはありえないのです。

B　祈りのように個人的にみえることでも同じですか。

A　もちろんです。自分の生活の中で、自分ひとりで祈るときにも、教会の中で神を知っているからできるのです。教会といってもさっき言ったように、それは自分と無関係に成り立ってはいない。自分自身が教会の肢体、神の宮の一部なのです。祈りはね、そういう自分自身が神のすまいの一部分である人間の当然なすべきことがらなのです。

B　われわれがはじめに問題にしていた愛に生きるということも、教会に生きるということなくしては現実にはならないのですか。

A　そう思います。「あわれみ深い人たち」になることも、教会の中でキリストの生命にふれることなしにはあり得ないことです。山上の説教で考えたあの「貧しい人たち」も、教会に生きる者の姿にほかならない。そう思います。

6

B　もうお話しする余裕がなくなってきましたが、どうしてもお聞きしたいことがあるのですが、聞いていいでしょうか。

A　聖書の読み方というと、まだまだ取りあげないといけないことが、たくさんあるでしょうね。われわれがしてきたのはそのうちのひとつのことだけを考えてきたわけです。のこりのことは、他の書物を読むなりして別に考えてください。ただこれまでのことに関連のあることだけなら質問してくださっていいです。

B　もちろんそうです。

第一は、今話してくださったことの中で、教会というものをたいへん強調しておられましたが、そのことは理論の上ではそうなるということはよくわかるのです。しかし実際に教会へ行ってそういうとおりの経験ができるだろうかと不安なのですが。

A　それはどういう意味？

B　たとえばですね、教会にはいろいろな欠点があると思います。建物が貧弱だったり、集まる人が少なかったりすることは何でもないのですけれども、説教がよくわからなかったり……

A　わかった。あなたの言いたいことはだいたいわかるように思います。教会へ行っても実際にキリストにお会いできるのかどうか、そういう意味でわれわれの行くキリスト教会は満足な状態かどうか疑問に思うというのでしょう。

B　そうです。だいたいそういうことです。

A　これも、教会とはどういうものかとか礼拝とはどういうものかということを、もっとすじみちたてて考えないといけないでしょう。ここでは、あなたがたが教会へ行かれたときの問題をごく実際的にお話ししておきます。

第一に、教会へ行くといろいろなことでとまどいます。自分で思っていたのとはまるでちがう話を聞かされたり、考えていたのとまるでちがう扱いをうけたりします。そういうものなのです。そういうように自分の考え方や生き方を変えさせられる経験をするということが、信仰に近づくことになるわけです。ですから、はじめから耳をふさいでしまったり、自分の気に入らないからといってすぐほうりだしたりしたらだめです。はじめはよくわからない方が普通かもしれません。くりかえし説教を聞き、教会の交わりの中にはいって生活していくうちにはじめてわかってくるのです。教会へ行きはじめて一回や二回でやめたら全く無意味なのです。半年、一年とつづけるのです。

B　一年ですか！

A　そうです。そのくらいの心で根気よく求めつづけるのです。福音書の中でも、主イエスがそのことをいろいろなかたちで求めておられます。

B　「求めよ、そうすれば、与えられるであろう」（マタイ七・七）という有名なことばがありますね。

A　そのあとの「捜《さが》せ」ということばもおもしろいですね。さがし出すのには根気がいります。なくなったものを見つかるまでさがすのに、すぐに見つからないと、たちまちいらいらしたり、腹を立てて文句を言ったりします。それではだめです。謙そんに求めつづけるのです。

B　よく聞くということでもあるわけですね。

A　そうです。しかし聞くということは受け身になりやすい。そこで第二に考えてほしいことはこれです。聞くということはほんとうはもっと積極的なものです。わからなければ聞いたらいいのです。わたくしは、そういう点で教える者と聞く者との間に熱心な対話が行なわれるようになればいいと思うのです。そうするだけで教会はいきいきとしてきますね。

B　しかし教わる者の立場からすると、なかなか勇気がいりますね。

Ａ　それはそうかもしれません。教会の牧師は聖書の専門の勉強もしているし、教会がこれまで歩いてきた道にもとづいて語るわけです。しかし自分が聖書の代わりになるわけではない。聖書をまなぶという点では、はじめての人とも同じ立場です。牧師も、信徒も、求道者も、みんなで肩をならべて聖書を読むのです。牧師でもまちがった読み方をすることがあるのです。信徒が説教を聞いてその誤りを見つけることもあります。

Ｂ　聖書にてらしてみてまちがっているということですね。

Ａ　そうです。それと長い間教会が努力してきた正しい聖書の読み方、あるいは聖書にもとづいた正しい信仰があるわけです。それもひとつの基準になるのです。

Ｂ　そういう教会が定めた基準というのはどんなものですか。

Ａ　たとえばいろいろな時代の教会が、これが正しい信仰だということを文章にした信条とか信仰告白、それにもとづいた信仰問答などがあります。

Ｂ　ハイデルベルク信仰問答というのを引用しておられましたね。

Ａ　そうそう、あれなどはね、実にすばらしいものです。

Ｂ　けれどもそれは絶対に正しい基準にはならないでしょう。

Ａ　それはそうです。そこでさっきも言ったことのくりかえしになりそうだけれども、聖書の正しい読み方は教会の定めた基準や説教で教えられるし、また説教がほかのものによって批判され、正されることもあるし、教会の定めた基準が他のものによって定め直されることもあります。そういうふうにこれらのものが互いにはたらきあって、キリストが与えてくださった真理、いやキリストそのものを教え示してくれるのです。聖霊が生きて働くということはそういうことだといってもいいのです。

B　何だかすこしむずかしくなりましたけれども、とにかくわれわれもそういう中にはいりこんでいけばいいのですね。外に立ってあれこれ言っても無意味なのですね。

A　そうです。それに気づいてくだされればいいのです。そのとおりです。教会はいつでも聖書によって改革されつづけていかなければならないとよく言います。聖書をよく読み、聖書によく聞き、正しく聖書について語ろうとする。そのために、牧師をはじめ教会に集まる者が皆で努力する。その時に教会はいきいきと正しく聖書を読むことができるわけです。こういうことが日本の教会でもどんどん行なわれるようになるといいですね。教会としては当然のことなのに、不十分だと言わないわけにいきません。

質問の第二は何ですか。

B　これまでの話と全く別のことなのですけれども、ごくはじめの方で奇跡のことを書いておられましたね。あそこで言っておられることはわかるのです。しかし実際に奇跡が出てくる聖書の個所がありますね。そういうところをどう読んでいったらいいのかと思います。問題にするなと言ってもキリストが海の上を歩いたり、たくさんの人にわずかなパンと魚を与えたりなさるのをどう考えたらいいか。

A　わたくしもそのことは考えていました。しかしそうなると、また実際にどこかの聖書の個所を読みながら考えていかなければなりません。しかもそれと同じようなことは考えるとたくさん出てくるのです。たとえば旧約聖書を読むのはどうしたらよいか。それも律法や歴史や詩や、書物の性格にしたがってすこしずつちがうでしょう。新約聖書でも同じでしょう。

B　そうです。黙示録なんかどう読んだらいいかさっぱりわかりません。

A　そういうわけで、これは別の機会に考えてみることにしませんか、改めて代表的なところをえらんでいっしょに読みながら考えてみることにしましょう。今度お話ししたことは、そういうことの土台になる根本的なことがらと思われたことをお話ししたにすぎないのです。

B　わかりました。もういちど今までのところを読みなおしながら、わたくしも自分で聖書を読む生活にとびこんでみます。教会へも気持ちを改めて行くことにします。

A　しっかりやってください。そしてゆるがないところに根ざしたあなた自身の人生をつくり出していってください。祈っています。

あとがき

日本基督教団出版部が計画した〈グリーン・ブックス〉のひとつとして「聖書の読み方」について書くようにとのご依頼をうけた。特に若い人々のために、聖書に親しめる道をいささかでも明らかにしたいとのことであった。自分がその任かどうかわからないが、それはすばらしいことだと思い、お引きうけした。結果はごらんのとおりのものでしかない。ただわたくしは、若い人々だけを読者に限定はしなかった。聖書を読もうとしておられるかたたち、聖書をすでに読んでいるかたたちすべてに、できるだけわかりやすく話しかけたい心で、つたない筆を走らせた。

聖書に関するすぐれた書物のあること、この小著がそれにくらぶべきものでないことはだれよりもわたくしが知っている。ただこれは聖書以外の何ものにもよらず、何ものをも語ろうとしなかったひとりの若い牧師の戦いの記録のようなものである。多くのかたのお教えを請いたい。多くの若い友が共に歩いてくれるよろこびを知りたい。日本の教会が正しく生きる道はここにしかない。若者も老人も人間として健康に生きる道はここにしかない。そう思いつつ書きつづった。

一片の私事をしるさせていただくならば、この小著は伝道者としての最初の五年をすごした金沢市の若草教会を去る記念ともなった。よい教会に仕えることのできた謝意をここにしるすことをおゆるしいただければと思う。これは、共に聖書を読みつづけてきた若草教会の兄弟たちとの共同の労作なのである。

一九六一年秋

加藤常昭

新装版に寄せて

生まれてはじめての自分の書いた書物として、この小著が誕生して二十年余、なお生命を保ち得て、ここに新しく装いを整えて刊行されることになりました。若さの故の未熟さは覆い得ませんが、何ら手を加えず、生まれた時のままの姿を残しました。若い伝道者の精一杯の言葉に耳を傾けて、聖書を読み、そこに生かされる喜びを味わう多くの人々があったことを、心から感謝し、大切にしたいと思っております。

全国から集まった女子高校生の集まりで語ったものを中核に書いたものですが、その時の話を聞いてくださった方が、各地でどんな生活をしておられるかをふと思います。み言葉に聞き、これを説き、これに生かされる。そのひと筋の道には今も変わりありません。そのためになおこの書物が用いられればとのみ願います。

一九八四年一月

著　者

聖書の読み方

1961年11月20日　初版発行
1980年 7 月 1 日　17版発行
2007年 6 月25日　新装25版発行

著　者　加　藤　常　昭

発行所　日本基督教団出版局
〒169　東京都新宿区西早稲田2丁目3の18
振替 00180-0-145610 電話 03（3204）0421（代）

印刷　三秀舎　カバー　伊坂美術印刷　製本　市村製本所

ISBN 4-8184-2041-7 C0016　日キ販

Printed in Japan

本書は前記奥付に記した書籍を底本とする新装復刊です。

加藤常昭　かとう・つねあき

1929年、旧満州ハルピンに生まれる。東京高等師範学校付属中学、旧制第一高等学校、東京大学文学部哲学科、東京神学大学博士課程前期課程修了。

日本基督教団若草教会、牛込払方町教会、鎌倉雪ノ下教会にて主任担任教師。現在、同教団隠退教師。牧会の傍ら、東京神学大学で実践神学を教え、再三、ドイツに研究滞在、ハイデルベルク大学客員教授（1986-87）、国際説教学会会長（1995-97）。現在、説教塾主宰として、説教者の研修指導に励んでいる。

著書　『加藤常昭説教全集』他多数。

聖書の読み方（オンデマンド版）

2023年6月30日　発行

著　者　加　藤　常　昭
発　行　日本キリスト教団出版局
〒169-0051 東京都新宿区西早稲田2丁目3の18
電話・営業03（3204）0422、編集03（3204）0424
https://bp-uccj.jp

印刷・製本　デジタル パブリッシング サービス

ISBN 978-4-8184-5124-7 C0016　日キ版

Printed in Japan